中共北京市东城区委党校学术文库系列丛书

本项目获得北京市东城区优秀人才培养资助
(课题编号2019-dchrcpyzz-9)

新时代法治社会建设前沿问题研究

姚 苹 / 著

中国民主法制出版社

图书在版编目（CIP）数据

新时代法治社会建设前沿问题研究/姚苹著．—北京：中国民主法制出版社，2023．10

ISBN 978-7-5162-3050-3

Ⅰ．①新…　Ⅱ．①姚…　Ⅲ．①社会主义法制—建设—研究—中国　Ⅳ．①D920．0

中国国家版本馆 CIP 数据核字（2023）第 152268 号

图书出品人：刘海涛
责 任 编 辑：陈　曦　袁　月

书名/新时代法治社会建设前沿问题研究
作者/姚　苹　著

出版·发行/中国民主法制出版社
地址/北京市丰台区右安门外玉林里 7 号（100069）
电话/（010）63055259（总编室）　63058068　63057714（营销中心）
传真/（010）63055259
http：// www. npcpub. com
E-mail：mzfz@ npcpub. com
经销/新华书店
开本/16 开　710 毫米 × 1000 毫米
印张/12　**字数**/183 千字
版本/2023 年 10 月第 1 版　2023 年 10 月第 1 次印刷
印刷/三河市宏图印务有限公司

书号/ISBN 978-7-5162-3050-3
定价/56．00 元

序

多年前，我到北京市东城区委党校授课，结识了姚苹同志。她长期潜心研究法治社会建设问题并确有见地，殊为难得。她邀请我为本书写序，我欣然允诺。

法治社会建设以法治为视角、社会为视域。它融合了法治建设和社会建设两大领域，是两大建设中都不可少的重要方面。法治社会建设既要遵循法治建设的一般规律，也要遵循社会建设的一般规律。法治最坚实的基础在社会之中，法治最伟大的力量在人民那里。人民是社会的主体、是社会的主人，人民构成了社会，缔造了社会，进而缔造了国家和政府。人民是国家和政府的缔造者和主权者，没有人民就没有国家和政府。人民当然至上，但必须注意的是构成人民的每一个成员都是生活在社会之中的。因此，社会对于法治，法治社会对于法治国家、法治政府的意义也就不言而喻。

法治社会建设必须以社会为基础。法治社会建设作为社会建设的子系统，需要在对社会运行规律和治理规律的认识基础之上进行，需要我们了解社会矛盾、社会变迁、社会结构、社会阶层的变化，以及在社会变迁过程中人们思想状况的变化。我国社会和40多年前计划经济时代相比，已发生了质的飞跃。人民日益增长的美好生活需要和不平衡不充分的发展之间的矛盾，上升成为社会的主要矛盾。在推进法治社会建设时，必须高度关注社会的剧烈变化并作出适时调整。

法治社会建设是法治建设的基础工程。唯有运用法治，尊重和保护每一个人的权利，由此而赢得绝大多数人的自觉守法，才可能建成法治国家。法治社会建设对于法治建设和社会建设的意义都不容低估。它是一个需要长期持续推进的宏大工程。

法治社会建设要求营造法治化的社会环境。法治社会建设任务繁重，关键因素在人。人是社会的动物，他创造了自己生存的社会环境，反过来社会环境又塑造和制约着每一个人。法治社会建设需要调动每一个社会成员的积极性。同时，每个人在社会中的行为都会受到环境的影响。所以，要建立权利优先、全民守法的法治社会，就需要公共权力的率先垂范与法治规范，就需要创造一个法治化的社会大环境。

法治社会需要发挥每一个个体的作用。法治社会建设中，公权力包括国家和政府的法治化是前提，社会普遍的法治化状态是基础。法治社会能否建成，关键在于公权力依法规范的程度与执法为民的状态。社会是法治的深刻基础，人民是法治的力量源泉，能否调动起多元主体共同参与的积极性是法治社会建设的根本。公民对法治的认同及其参与程度，是法治社会建设成败的决定性因素。法治若能成为一种社会风尚、行为习惯、生活方式、秩序状态，法治社会就自然形成了，法治国家和法治政府就不难成为必然要求与客观现实。

这本书有不少独到的观点，体现了作者的思想性和独立性。该书逻辑结构严谨，文风务实，是很有价值的研究成果，读后定能给人以启迪，特推荐给读者。

卓泽渊

2023 年 4 月于中央党校

自 序

2020年12月，中共中央印发《法治社会建设实施纲要（2020—2025年)》，首次提出了关于“法治社会”建设的路线图和分解任务清单。法治社会是构筑法治国家的基础，法治社会建设是实现国家治理体系和治理能力现代化的重要组成部分。建设信仰法治、公平正义、保障权利、守法诚信 、充满活力、和谐有序的社会主义法治社会，是增强人民群众获得感、幸福感、安全感的重要举措。法治社会建设研究属于跨学科研究，介于法学和社会学的复合交叉领域，涉及知识面广，但市面上围绕法治社会建设的书并非很多。因此，笔者选取了这个主题，结合在北京市东城区人大常委会、区委组织部、区检察院、区信访办的挂职锻炼经历和担任东城区法院人民陪审员的司法经验，从法社会学、法经济学、法哲学等视角，运用发散性思维探讨“法治社会建设”。从2019年开始，历时三年围绕“新时代法治社会建设”的专题研究，终于成书。全书结构不求教科书式的“大而全”，只求内容“新”，关注实践中的真问题和理论前沿问题。

围绕“法治社会建设”，笔者进行了大量的实证调研，曾多次主持和执笔北京市党校（北京行政学院）系统重点调研课题、北京社会主义学院统战基地招标课题，参与起草北京市房山区司法局牵头的“房山区‘八五’普法规划（草案)”，撰写了《提高首都基层普法精准性和实效性的调研思考》等多篇论文，发表在《中国司法》等期刊，这些已发表的论文成果作为研究的阶段性成果，编入本书，算是“化零为整”。

围绕“法治社会建设”，笔者曾在党校系统开设了《新时代宪法发展与依宪治国》《民法典的时代精神和法治思维》《培养法治思维》《坚决维护意识形态安全》等课程，讲授过数百场法律专题课。在授课时，笔者细心观察每堂课来自党政机关、企业和社区等行业的学员反应和接受程度，由衷地感觉到培养法治意识需要一代又一代人的思维转变，法治社会建设将是一个漫长而艰难的过程。从逻辑上讲，人是各种社会关系的总和，要改变人们的社会行为，首先要改变社会意识；而要改变社会意识，则需要改变社会细胞——个体的意识；而要改变人的意识，则需要改变人的思维模式和社会认知；而一个人主动或被动改变社会认知，无非是经过社会历练后，被磨成没有棱角的“鹅卵石”，从而完成社会和个人互相适应和自我成长、进化的闭环。法治社会的建设过程，从长远来看是改变民众社会认知的过程，而人的认知非一朝一夕所能扭转。人的社会认知水平参差不齐，就像嶙峋的石头都要打磨成“鹅卵石”一样，社会“大熔炉”摩擦和熔炼每个人，使其成为真正的“社会人”。一个社会走向法治、民主、文明、现代化的过程类似大自然的风化过程，需要时间的积累和沉淀。把一切留给时间来检验和印证某个学术观点是不是科学，不要太急功近利下定论。

本书的写作结构安排如下：第一章，总论部分，是法治社会建设概述，围绕《法治社会建设实施纲要（2020—2025年）》展开，阐明法治社会建设的目标、任务以及实现路径。第二章，从建设法治社会的历史方位切入，分析新时代社会主要矛盾新变化与建设法治社会的关联，这是党的十九大报告对社会主要矛盾的新论断，也是分析当前社会问题的出发点和落脚点。第三章，从法律和道德的辩证关系视角来分析，新时代把社会主义核心价值观融入法治社会建设的重大意义和实现路径。第四章，从公民视角分析如何提高其运用法治思维和法治方式化解社会矛盾纠纷的能力。第五章至第八章，属于分论，从立法、执法、司法、普法、守法等环节分别阐述法治社会的建设，立法对社会治理的规范和引领作用，法治政府建设先行示范带动促成法治社会建设，司法公平正义促成法治社会建设，提高普法的精准性和实效性促成法治社会建设。第九章至第十章，分类别分层次阐述法治社会的建设，社会主体可以分为公民和企业组织、社会组织等两大类别，第九章从企业的公平竞争角度分析“法治是最好的营商环境”；第十章从处理公民和基层社会组织之间关系的角度，重点剖析协商民主的机制和制度化建设。本来还计划有专章以网络时代为背景，分析网络社会法治化建设的特殊性。网络社会具有虚拟性、匿名性，本质上是现实社会的映射，其治理难度不亚于现实社会。另外，还设想从意识形态层面探讨法治文化建设，法治文化建设属于跨越法治建设和文化建设的复合交叉领域，是以“文化的皮囊+法治的骨髓”推动法治精神“润物细无声”地渗透民众的头脑，和普法宣传又有一定程度的融合。以上部分内容因为篇幅所限，没有完全展开，存在缺憾。

本书有鲜明的“问题意识”，笔者直面现实问题，分析背后的社会根源和主要成因，回答“为什么”，试图提出有建设性的个人观点和意见，回答“怎么做”，具有一定的理论前瞻性和现实指导性。真诚地期待本书能起到抛砖引玉的作用，对愿意了解法治社会建设的读者有所启迪，并为其他学者研究法治社会建设提供一定的参考和借鉴。

目　录

第一章　新时代法治社会建设概述 …… 001

一、新时代法治社会建设的研究概述 …… 002

二、法治社会的主要特征 …… 008

三、法治社会建设的构成要件 …… 015

四、新时代推进法治社会建设的重点任务 …… 016

第二章　新时代社会主要矛盾新变化与建设法治社会的关联 …… 024

一、社会主要矛盾重新界定的必要性 …… 024

二、法治社会建设中面临的现实困境 …… 028

三、在社会主要矛盾发生新变化的基础上提升法治社会的建设空间 …… 030

第三章　新时代把社会主义核心价值观融入法治社会建设 …… 033

一、辩证地理解法律和道德之间的关系 …… 034

二、将社会主义核心价值观融入法治社会建设的政策依据 …… 037

三、新时代把社会主义核心价值观融入法治社会建设的重大意义 …… 040

四、新时代把社会主义核心价值观融入法治社会建设的路径思考 …… 042

第四章　培养公民的法治思维 …… 049

一、合法性思维 …… 049

二、权利思维 …… 051

三、规则思维 …… 052

四、合理性思维 …… 053

五、程序思维 …… 054
六、诚信思维 …… 057

第五章 立法对社会治理的规范和引领作用 …… 059

第一节 民法典对于社会治理的规范和引领功能 …… 059
一、民法典编纂出台的重大意义 …… 060
二、我国民法典的鲜明特色 …… 062
三、民法典体系结构和创新性规定 …… 064
第二节 刑法的现代化对于社会新期待和新要求的回应 …… 069
一、刑法参与社会治理是“积极刑法观”的表现 …… 071
二、刑法在现代化过程中产生的矛盾和问题 …… 077
三、未来刑法现代化的变革趋势 …… 079

第六章 政府主导下的社会治理体系建设 …… 084

第一节 法治政府建设迭代升级 先行示范带动法治社会建设 …… 084
一、民法典实施后的溢出效应对“十四五”时期法治政府建设的影响 …… 085
二、运用辩证性的思维，推进法治政府建设的迭代升级 …… 086
三、运用创新性的思维，推进法治政府建设的迭代升级 …… 089
四、运用系统性的思维，推进法治国家、法治政府、法治社会一体建设 …… 090
第二节 推进党建引领基层治理机制的实证研究——以北京“街乡吹哨、部门报到”为例 …… 092
一、“街乡吹哨、部门报到”制度的实施背景和意义 …… 092
二、“街乡吹哨、部门报到”在基层社会治理中的法理分析 …… 095
三、对于提高社会治理效能的启示与思考 …… 100
第三节 在法治轨道推进基层社会治理的实践探索——以首都“接诉即办”为例 …… 102
一、北京接诉即办工作的成效和经验 …… 103
二、推进接诉即办工作所面临的深层次法律问题 …… 105
三、以法治思维和法治方式推进接诉即办工作的建议 …… 110

第七章　司法公平正义促成法治社会建设 ………………………… 113

第一节　新时代将社会主义核心价值观深度融入司法活动 …… 113

一、对于司法权和司法活动的概述 ………………………… 113

二、新时代将社会主义核心价值观融入司法活动的功能和作用 ………………………………………… 115

三、将社会主义核心价值观融入司法活动的路径 ………… 120

四、将社会主义核心价值观融入司法活动所存在的困境 …… 126

五、将社会主义核心价值观深度融入司法活动的建议 ……… 128

第二节　新时代法治社会建设中的诉源治理机制建设——以北京市东城区为例 ……………………… 133

一、首都推进诉源治理机制的概况 ………………………… 133

二、在基层推进诉源治理机制所面临的现实问题 ………… 137

三、完善诉源治理机制的思考 ……………………………… 141

第八章　提高基层普法精准性和实效性　促成法治社会建设 ……… 144

一、将普法嵌入法治建设中是推进法治社会建设的必然趋势 ………………………………………… 145

二、基层普法工作面临的矛盾和问题 ……………………… 147

三、提高基层普法工作精准性和实效性的思考 …………… 151

第九章　优化营商环境的法治化路径分析 ………………………… 155

一、优化营商环境与法治化之间的内在逻辑 ……………… 155

二、建设法治化营商环境所面临的主要问题 ……………… 158

三、优化营商环境的法治化路径 …………………………… 162

第十章　新时代基层协商民主的运行机制和制度化建设 ………… 168

一、对基层协商民主现状的概述 …………………………… 168

二、新时代基层协商民主的运行机制和制度化建设中存在的障碍 ………………………………………… 172

三、理顺基层协商民主运行机制和体制的对策和建议 ……… 176

第一章　新时代法治社会建设概述

过往二十年，我国法治社会研究经历了由“冷”变“热”再转“冷”的整体历程。人们对法治社会的关注度、重视度仍然不够，学界对其基本内涵、框架体系、实践路径和具体任务等研究总结十分有限。与法治国家、法治政府、法治中国等概念相比，“法治社会是一个比较不成熟的概念”[①]。就研究主题而言，研究者既在遵循法治一般规律的前提下，关注中国法治社会建设的特殊性，又着眼于法治社会赖以依托的经济发展、公民意识、人权保护及世界潮流等社会因素。新时代应拓宽法治社会的研究视角，既要考虑法治社会建设是全面依法治国整体下的子系统，又需要与推进社会治理体系和治理能力现代化的要求相契合，开创我国法治社会研究的新格局。

按照党的十九大和二十大精神，2035 年基本实现社会主义现代化，其重要目标之一就是基本建成法治社会。在此，需要思考法治社会的建设与中国式现代化建设的关系是互为因果还是互为充分必要条件？中国式现代化进程如何跨越“中等收入陷阱”？未来的国家和社会联系是越来越紧密，还是越来越松散？政府和社会之间如何逐渐演变成“小政府、大社会”的理想模式？个人和社会之间的关系如何进入自由和高度自治理想状态？具体的发展路径尚不明朗。有学者从习近平法治社会建设理论的角度分析法治社会建设的理论依据、价值论、本体论、推进方略论和保障论等内容，认为习近平法治社会建设理论为推进社会治理的法治化、科学化、专业化和智能化，为建成法治社会提供了根本遵循和行动指南。[②] 有学者对法治社会的理想模式、核心标准、类型区分和实现次序的梳理，可以为评估当代中国法治建设水平和确定近期、长远的目标提供参照。[③] 有学者认为法

---

① 肖金明：《推进法治社会理论与实践创新》，载《法学杂志》2017 年第 8 期。

② 江必新、戢太雷：《习近平法治社会建设理论研究》，载《法治社会》2022 年第 2 期。

③ 丛日云：《现代法治社会的理想模式及其实现次序》，载《探索与争鸣》2015 年第 7 期。

治社会建设路径包括：社会治理法治化论、多方共治论、协商民主论。①有学者从法治社会的基本构成角度分析新时代我国法治社会建设基本路径：实现法治理想在社会层面的权威认同；实现多元社会规范在社会层面的整合协调；实现“国家”与“社会”在社会层面的良性互动。②

一、新时代法治社会建设的研究概述

党的十八大以来，中国特色社会主义法治理论和实践不断丰富和发展，有序形成和确立了“依法治国”、“依法执政”、“依法行政”和“法治国家”、“法治政府”、“法治社会”等法治概念和理论，关于社会主义法治建设的双线路径清晰可见。作为法治行为的“依法治国”“依法执政”“依法行政”和作为法治目标的“法治国家”“法治政府”“法治社会”，坚持“法治行为”和“法治目标”两条主线并行，有机推进法治建设。习近平总书记围绕社会建设提出了一系列新思想、新观点、新战略，在回答全面依法治国的重大问题时，深刻阐释了法治社会建设的工作布局、体制机制、重点任务和保障等问题，系统地回答了“为什么要建设法治社会、建设什么样的法治社会以及如何建设法治社会”等命题，这些相关论述构成了习近平法治思想中的法治社会建设理论。

（一）相关中央文件和政策依据

法治社会成为法治中国建设中的重要组成部分。相对于法治国家、法治政府，法治社会建设是相对较晚提出的概念和目标，而且发展略为滞后，成为薄弱环节。法治政府建设侧重于国务院自上而下、各级政府层层传导推动，而法治社会建设则侧重于自下而上地建设，其根基在基层市县和乡村，需要动员广大社会成员共同参与。

1. 相关的中央文件

2012 年 12 月 4 日，习近平总书记在首都各界纪念现行宪法公布施行 30 周年大会上，首次提出“坚持依法治国、依法执政、依法行政共同推进，坚持法治国家、法治政府、法治社会一体建设”。党的十八届三中全

---

① 徐祥民、张慧颖：《习近平法治思想中的法治社会建设路径论》，载《湖湘法学评论》2022 年第 1 期。

② 屈茂辉、曾明：《法治社会的基本构成与新时代我国法治社会建设的基本路径》，载《湖湘论坛》2019 年第 6 期。

会通过的《中共中央关于全面深化改革若干重大问题的决定》正式将“坚持依法治国、依法执政、依法行政共同推进，坚持法治国家、法治政府、法治社会一体建设”确定为建设法治中国的推进方略，首次提出“社会治理”的全新概念。党的十八届四中全会作出的《中共中央关于全面推进依法治国若干重大问题的决定》，为法治社会建设确定了宏伟目标：增强全民法治观念，推进法治社会建设。

党的十九大报告提出“打造共建共治共享的社会治理格局”，党的十九届四中全会通过《中共中央关于坚持和完善中国特色社会主义制度、推进国家治理体系和治理能力现代化若干重大问题的决定》中提出，“完善党委领导、政府负责、民主协商、社会协同、公众参与、法治保障、科技支撑的社会治理体系”，强调要建设人人有责、人人尽责、人人享有的社会治理共同体。党的十九届五中全会明确了“十四五”期间的社会治理创新任务和2035年社会治理创新的远景目标。党的二十大报告强调，法治社会是构筑法治国家的基础。弘扬社会主义法治精神，传承中华优秀传统法律文化，引导全体人民做社会主义法治的忠实崇尚者、自觉遵守者、坚定捍卫者。建设覆盖城乡的现代公共法律服务体系，深入开展法治宣传教育，增强全民法治观念。推进多层次多领域依法治理，提升社会治理法治化水平。综上所述，自党的十八大以来，党中央对于法治社会建设日益重视，提出了明确的目标、任务表和路线图。

2. 相关政策依据

2020年12月，中共中央印发了《法治社会建设实施纲要（2020—2025年）》（以下简称《实施纲要》），这展示了中央高层更加重视运用法治规划的形式统筹法治社会建设，也标志着法治社会建设走向了“规划引领”的新发展阶段。以规划方式布局法治社会建设，明确方向，整合资源，分解任务，成为法治社会建设的“中国经验”。《实施纲要》为构建“全民守法”的法治社会确定了目标和措施，细化了法治社会建设在近五年的各项任务。以往，法治国家建设一直以法治政府为重心，法治社会基础培育则相对比较薄弱。因此，系统研究关于法治社会建设的发展演进脉络、基本价值、核心要义、推进方略、实施保障等内容，有助于实现、建成法治社会的宏伟目标。

（二）“历史三峡”般社会转型时期的变化

美国哲学家艾里希·弗洛姆认为，“只有当经济、社会、政治以及文化领域同时发生变革时，社会才会进步。任何局限于一个领域的进步都会伤及整体的进步”。[①] 学者陆学艺认为，社会建设实质就是要建设社会现代化，社会建设是中国现代化不可逾越的阶段，社会建设包括改善民生事业、建设社会事业、改革收入分配、加强社区自治、发展社会组织、创新社会管理、改革社会体制、优化社会结构等九大任务。[②] 涂尔干的结构功能主义理论研究表明[③]，人是依规范而行事的情感动物，社会规范是任何社会赖以存在的根本支柱。现代化过程所衍生的社会变迁容易导致社会规范的紊乱，社会成员在适应和接受社会新脚本时会显得进退两难。

在转型时期，我国社会表现为社会资源分散化、社会分层化、利益差异化、价值多元化等特点，不再是“整齐划一”的传统型社会。整个社会转型包括体制转型和结构转型。体制转型以经济体制转型为例，从 1992 年提出的“市场在资源配置中发挥基础性作用”，到 2013 年提出的“市场在资源配置中发挥决定性作用”，虽然只是两字之变，却提升了市场在资源配置中的地位。社会结构是由城乡结构、社会阶层结构、就业结构、消费结构、收入分配结构、家庭结构、年龄结构等多个指标构成的。结构转型主要表现为：从乡土社会演变为迁徙城市；农业社会演变为城镇化社会；由“两阶级一阶层”到多阶层；中等收入群体不断壮大等。本书将以社会结构的变迁为例展开分析。

1. 人口结构的变化

按照 2021 年 5 月第七次全国人口普查的数据统计，0—14 岁人口为 25338 万人，占 17.95%；15—59 岁人口为 89438 万人，占 63.35%；60 岁及以上人口为 26402 万人，占 18.70%（其中，65 岁及以上人口为 19064 万人，占 13.50%），人口老龄化程度进一步加深，未来一段时期将持续面临人口长期均衡发展的压力。我国社会人口年龄结构也有明显变化，未富先老，步入“深度老龄少子化”时代。国家统计局公布 2022 年人口数据，2022 年中国人口负增长 85 万，这是近 61 年来首次人口负增长，标志着出现人口拐点。事实上，不同的年龄层群体对于社会的认知存在着明显差异，“60 后”“70 后”“80 后”“90 后”“00 后”有着不同的社会标签和

① ［美］艾里希·弗洛姆：《健全的社会》，孙恺祥译，上海译文出版社 2018 年版，第 2 页。
② 陆学艺主编：《当代中国社会建设》，社会科学文献出版社 2013 年版。
③ 赵鼎新：《社会与政治运动讲义》（第 2 版），社会科学文献出版社 2012 年版，第 75 页。

时代烙印，代际之间有着巨大的认知鸿沟。不同社会群体的社会认同感逐步分化，甚至对同一个重大社会事件的评价分为两大阵营。

2. “新二元”城乡结构的变化

中国社会是传统性和现代性交织叠加的阶段，由熟人社会过渡为陌生人社会的阶段，明规则、潜规则同时并行的阶段。现代化过程打破了人与人之间传统意义上以村落和亲缘为基础的联系。城乡人口结构发生了根本变化，现在是以城市常住人口为主体的社会。我国的城镇化率从2001年就超过60%。2001年，中国城镇人口48064万，占总人口37.7%；乡村人口79563万，占62.3%。据2020年第七次全国人口普查数据，居住在城镇的人口为90199万，占63.89%；居住在乡村的人口为50979万，占36.11%。[①] 党的二十大报告披露，2022年我国的城镇化率达到64.7%。据预测，到2035年，城镇化率有望达到74%。[②]

目前，我国已成为制造大国，产业化率明显高于城镇化率。城乡二元结构依然存在，但是城乡关系变得日益复杂和多元化。“农转居”虽然使农业人口住进了楼房，户籍和居住条件发生了变化，但是，传统的生活习惯和乡土思想观念却很难改变。不同城市之间的差异也在逐渐扩大，借用房地产界的术语，城市可以分为超一线、一线、二线、三线、四线城市，农民到城市务工成了农民工，外来打工者群体的数量在26000万—27000万。农民工的收入水平提高，但是社会地位并没有上升，相对心理剥夺感较强。农民工离开了原来的“熟人”乡村社会，既不受乡规民约的束缚，又融不进城市的主流，成为城市边缘人和边缘群体。

3. 社会阶层的变化

处在社会转型期，社会利益结构呈现多元化、复杂化，在国家和社会关系上更强调个人主义和个体本位。社会阶层分化明显，当前我国对“阶层”划分没有统一的定论。所以，社会学家陆学艺在2004年提出“十个阶层”的观点[③]，根据资源拥有量的差异、组织资源、经济资源和文化资源等八项标准划分我国阶层，即国家与社会管理者、私营企业主、经理人

---

① 《国家统计局·第七次全国人口普查公报（第七号）》，载国家统计局官网2021年5月11日，http://www.stats.gov.cn/sj/tjgb/rkpcgb/qgrkpcgb/202302/t20230206_1902007.html。

② 魏后凯：《2035年我国城镇化率有望达到74%》，载“中国经营报”官方百家号2021年10月10日，https://baijiahao.baidu.com/s?id=1713235302876827776&wfr=spider&for=pc。

③ 陆学艺主编：《当代中国社会流动》，社会科学文献出版社2004年版。

员、专业技术人员、办事人员、个体工商户、商业服务从业人员、产业工人、农业劳动者、无业失业半失业人员。① 按照社会流动的理论，陆学艺甚至把阶层细化为64个。处在底层的农民工、保姆、下岗工人等阶层，近十年来有所变化，农民工、保姆阶层有所上升，城市下岗工人没有提升。社会阶层发生变化，反映民意的立法也要随之而变，在制度设计方面要对社会利益被剥夺群体给予倾斜性保护。

职业结构发生了变化，互联网时代产生了许多新职业群体，如快递员、网约司机、网销人员等。新职业群体不断壮大，但是他们并不构成新社会阶层，相关法律保障、规范制度还比较薄弱。在我国，新的社会阶层是有特定含义的。最早见于党的中央文件是2002年党的十六大报告，其明确提出："在社会变革中出现的民营科技企业的创业人员和技术人员、受聘于外资企业的管理技术人员、个体户、私营企业主、中介组织的从业人员、自由职业人员等社会阶层，都是中国特色社会主义事业的建设者。"至此，"新的社会阶层"作为一个有特定含义的提法被正式提出。它并不特指某个阶层，而是对六个社会阶层的统称。"新的社会阶层"作为一个开放的概念，并不限于现有的六个阶层，随着社会的发展也是不断调整的职业类别。2020年新修订的《中国共产党统一战线工作条例》提出，新的社会阶层主要包括：民营企业和外商投资企业管理技术人员、中介组织和社会组织从业人员、自由职业者、新媒体从业人员。伴随新社会阶层的出现，"体制内"辞职热等围城效应逐渐显现。

现在，很多人在精神层面越来越焦虑，表现为低收入阶层有社会剥夺感，中等收入群体有不公平感，高收入阶层有不安全感。格尔曾提出"相对剥夺感"理论，当社会变迁导致社会的价值能力小于个人的价值期望时，人们就产生相对剥夺感。其中，戴维斯提出了"发展型相对剥夺感"，是指当一个社会的价值能力和人们的价值期望均在提高，但社会价值能力由于某种原因而有所跌落，从而导致价值期望和价值能力之间的落差扩大时，就会产生发展型相对剥夺感。发展型相对剥夺感常见于发展中的或处于改革的社会。②

---

① 陆学艺：《当代中国社会结构》，社会科学文献出版社2010年版，第394页。

② 赵鼎新：《社会与政治运动讲义》（第2版），社会科学文献出版社2012年版，第80页。

4. 不同群体价值观多元化，甚至“撕裂”

在现代化进程中，不同社会群体对于“发展”的理解逐步出现分化，尤其是我国人口规模巨大，不同地区发展差距明显，社会高度统一的共识被打破，民众诉求越来越呈现多元化。价值观多元化是指人们不再受单一的“非黑即白”的价值观所约束，人存在发展的意义和价值有多重标准。社会能包容和接纳不同的价值标准和生活方式，承认和尊重生命的多种选择。每个人追求的理想生活模式是不一样的，不需要按照单一、教条的传统标准去判断是否幸福、成功，现代人更加注重个人的体验和内心的感受，追求个性化的自我。

5. 社会结构由“土字型”向“橄榄型”过渡

按照伊斯特林悖论，经济增长不一定会导致幸福增加，在收入达到某一点之前，快乐随收入增加而增加，但超过该点后，这种关系并不明显。发展以后的矛盾并不比不发展的矛盾要少。21 世纪以来，我国贫富差距确实一直处于高位，甚至可以说收入分配已经到了极不公平的边缘。据国家统计局公布，全国居民收入基尼系数 2008 年度为 0.491，2015 年度降为 0.462，2021 年度又回升为 0.466，数十年都超过 0.4 的警戒线，说明收入分配严重不均。

我国社会是一个金字塔型的社会。收入比较低的劳动者是社会中的主体，而收入较高的群体呈逐级递减的趋势。有学者认为，中国目前已经从“倒丁字型”社会结构变为“土字型”结构①，那么要从土字型的社会，向橄榄型的社会发展，需要实现中产阶层倍增计划：要着力扩大中等收入群体规模；要促进基本公共服务均等化；要加强对高收入的规范和调节；要清理规范不合理收入。在我国，“中产阶层”被称为中等收入群体，界定标准是 2017 年三口之家的年收入为 9.5 万元到 47.6 万元。2020 年我国中等收入群体为 17872 万户，占全国家庭户数比重超过 1/3，人数为 4 亿，形成世界上规模最大的中等收入群体。党的二十大报告提出，着力维护和促进社会公平正义，着力促进全体人民共同富裕，坚决防止两极分化。中央把防止出现“两极分化”作为社会发展的底线。最稳定、最具有活力的社会，是中等收入群体比较庞大的社会。自古以来，“有恒产者有恒心”，

---

① 李强：《21 世纪以来中国社会分层结构变迁的特征与趋势》，载《河北学刊》2021 年第 5 期。

中等收入群体是政治上的后卫、消费上的前卫。

二、法治社会的主要特征

每个人头脑中都有一幅未来社会的理想蓝图，个体容易代入心理偏好和感情色彩，这意味着对法治社会的认定很难有统一的标准，而作为研究者又必须归纳总结出一套标准的法治社会模式。从法社会学的角度分析，法治社会分为应然层面和实然层面，应然层面的法治社会是“乌托邦”式的、非常理想化的社会形态；实然层面的法治社会是在现有社会基础条件下能够实现和可预期达到的社会形态。法治社会有广义和狭义之分，广义是接近法治建设，包罗万象，凡是和法治有关的都可以与法治社会有关；狭义的法治社会指的是与法治国家、法治政府区别开来的仅局限在社会层面重点探讨，与人、企业、社会组织等主体有关的法治建构。此处，笔者探讨的是实然层面的狭义法治社会。

什么是法治？古今中外的哲学家、法学家对法治思想有着大相径庭的阐述。亚里士多德认为法治是业已成立的法律获得普遍的服从，而民众所服从的法律又是制定良好的法律，即包含“普遍守法”和“法为良法”两层含义。英国法学家戴雪认为法治的内容包括以下三个方面：第一，法律至上原则，法律具有超越包括政府的广泛裁量权在内的任何专制权力的至高无上的权威；第二，法律面前人人平等原则，任何公民都必须服从在法院里实施的国家法律；第三，权利通过司法实现原则，权利不是建立在抽象的宪法性文件上，而是建立在法院的实际判决上。在法治社会，法律权威是第一位的，是一种超越所有权威，包括政府权威、道德权威在内的社会权威，法律成了所有社会群体、社会个人的行为准则。1959 年《德里宣言》里确立的法治包括：立法创设和维护人类尊严，防止行政机关滥权，维护秩序，增进福利，司法独立，律师自由，不受干涉。法治的三条核心标准：（1）法律来源的民主性；（2）法律对权力约束的有效性；（3）法律对人权保护的有效性。在这里，狭义的法治即法的统治：一头是民主，一头是人权。狭义的法治与民主和人权一起，构成完整的现代法治。①

世界各国的法治有共通的地方，都是围绕“法”和“治”，与具体的时间、空间、环境、地点、人物、条件有所区别，但最核心的观点还是：

① 丛日云：《现代法治社会的理想模式及其实现次序》，载《探索与争鸣》2015 年第 7 期。

良法善治。法国学者玛丽-克劳斯·斯莫茨在国际上较早地提出“善治”的四大要素：法治、有效的行政管理、实行责任制、具有政治透明性。联合国亚太经济社会委员会在其发布的《什么是善治?》中，对于善治提出了八项标准：共同参与、厉行法治、决策透明、及时回应、达成共识、平等和包容、实效和效率、问责。善治的“善”在政治术语中更多体现公正的意思，有别于日常用语“善良”。法治的最终功能是：定分止争，维持秩序；确定权利，保护人权；限制公权，保障私权；防止腐败，维护廉洁。

在我国，对于法治社会的内涵、外延，一直存有争议。法治社会通常是指法律在整个社会被普遍公认和遵守的社会状态。按照主流观点，法治社会具有以下标识性特征。

（一）法治社会是契约社会

所谓社会契约，就是人们所形成共识的并以此为自身行为准则的共同规则，是人们的共同意愿和自由意志的体现。社会契约有多种形式，其最高表现形式是社会法律体系。因此，作为最成熟的社会契约形式，法律体系应当是由国家制定和认可的，其形成过程实质上是建立在人民主体地位和民主的基础之上。民主是法治的前提和基础，没有民主，就没有法治。法治社会隐含的前提条件是“民主社会”。法律的形成过程本质上是由社会认可转变国家认可的过程。当然，这种社会认可并非人人都认同，而是指社会大多数成员都认可，符合“大多数民主”的原则。所谓“恶法”是没有反映多数人的意志，或者是多数人利用人数上的优势来侵犯少数人的权利，即出现“多数人的暴政”。法国学者古斯塔夫·勒庞《乌合之众：大众心理研究》书中描述的“乌合之众”，多数人的暴政本质上也是一种专制。因此，法律是国家认可的、以民主方式表决通过的社会公共契约，即每个公民都必须遵守的社会契约。在社会发展过程中，法律与民主有机地结合在一起，形成了以社会契约为标志的法治社会。

虽然我国封建朝代也有法律，甚至像《唐律疏议》《宋刑统》等还相当完备，但显然不是现代意义上的法治社会。因为封建社会的法律仅仅是代表统治阶层意志的反映，而不是人民意志的体现。所以，不能简单地认为有法律就必然是法治社会，关键是法律如何产生和形成，代表谁的意志，是否所有人都在法律之下。法治社会的首要标志和判断标准，即法律的形成过程是否以人民民主为基础，是否遵循民主立法程序，体现了人民的意志和愿望。但是，在法治社会中，对法律的形成不能搞“泛民主化”，“民主”或者“民众”参与不宜过度泛化，不能将所有行为规则，都以民主方式来通过。有一些法律保留事项，属于人类发展的内在规律、人类社会的内在要求，法律不能通过“民主”程序规定“反人类罪”成为“恶法”，像希特勒通过的谋杀犹太人的法律等。“善良”的法律要求有三个判断标准：尊重人权、尊重财产、尊重契约，这既是判断法治和民主状况的标志，也是评估法治社会的衡量标准。

1. 尊重和保障人权

法治社会的基本目标就是保障人权，人权的保障是现代法治的起点。生而为人，每个人一出生就享有基本的人权。人权并不是法律赋予的，也不能被随意剥夺。如果法律不尊重人权和保障人权，甚至践踏人权，即使法律是国家制定或认可通过的，也是有悖法治精神的。按照法律实证主义流派的观点，正所谓“恶法非法”。尊重人权是“超越法律”的，是法律的保留事项。因此，基本人权的范围决定了宪法和法律的边界。保障人权是一个国家的义务和责任，公民的义务则对应的是国家的权力。

2. 尊重财产权

合法财产权受到法律的保护，任何主体包括各级政府，不能随便剥夺个人的合法财产。而且，财产权要被平等地保护，不能按照所有制性质区别对待，不能规定公有财产要优先于私有财产被保护。在法律面前，不同所有制性质的财产权是平等被保护的。法律必须尊重和保障合法的财产，这是人类社会发展到一定阶段的要求。不能按照“少数服从多数”的所谓“民主”原则，形成随意剥夺别人合法财产权的“恶法”。即使通过这种法律似乎体现了民主立法原则，符合形式理性，但它却违反了实质正义，背离了“社会存在决定社会意识”的客观规律。立法者不是发明了法律，而是发现了法律。法律是现实生活的固化，而不能超越它所处时代的社会要求。因此，尊重财产权是法律保留事项，即法律只能以维护合法财产为目的。基于人类社会发展的历史经验和教训，任何无视甚至随意剥夺别人合法财产的“民粹主义”行为，如动乱、骚动等最终都会破坏安定的社会秩序，导致社会发展停滞或倒退。

3. 契约精神

尊重契约，是指法律应当保护当事人在法律范围内意思自治的决定。

如果人们达成了某种契约，形成了意思表示一致的权利义务关系，法无禁止即自由，法律应当保护这种不违反禁止性规定的契约。在市场经济条件下，人与人之间的分工协作关系基本上以市场交易方式表现出来，而交易得以生效的基础和前提就是契约。交易双方签字画押，有诺必守，契约精神和诚信意识的含义基本上是相同的。为了维护交易的安全、稳定和可预期，需要法律来确保契约的遵守和实现。

是否尊重契约实际上反映的是一个社会的信用程度。社会信用程度高，则法治水平高，社会信用程度低，则法治水平低，社会信用指数是法治社会的风向标。如果人们普遍都不遵守契约，社会缺乏信用，那么社会经济秩序必定混乱，盛行坑蒙拐骗和贪污腐败。因此，尊重契约是社会经济秩序稳定的基石。法治社会的基本内容之一是保护契约和尊重契约，尊重双方当事人的意思自治。现代人类社会中的交易活动，应当是以尊重当事人的利益和理性选择为前提。社会交易实际上是以互利双赢为基础，当事人基于利益最大化前提交易的书面形式是契约，因而契约精神是法治社会的标志之一。

（二）法治社会是法律面前人人平等的社会

法律面前人人平等，意味着所有主体都要遵守法律、依法办事，不能在法律之上、更不能在法律之外，享有超越法律的特权。在此，处理好权力和权利的关系，把权力关进制度的笼子里，尤其是把行政权关进制度的笼子里十分重要。因为相比较立法权和司法权，行政权最容易自我膨胀和任性。

实质法治基本要求就是实现社会公平正义。社会平等通过什么实现？人和人之间没有绝对的平等，因为每个人的出生不一样，家庭背景、个人天赋、社会资源、受教育程度等不一样。但是在法律面前人人平等。因此，现代意义上的公平主要是一种矫正平等（结果平等）。如果·个人违法，应当得到一个平等的法律适用。人人平等的要求是法治社会的基本要求。

如果允许不平等，有些人的权力在制度的笼子之外，存在少数特权阶级，那么不符合现代法治的精神和要求。所以社会主义法治，首先就是要保障公民在法律面前一律平等，尊重和保障人权，保证人民依法享有广泛的权利和自由，宪法才能深入人心，走入人民群众内心，才能真正成为全体人民的自觉行动准则。所以，只有民众把遵守宪法和法律、维护宪法和法律实施当成是自觉行动、行为习惯，法治社会才能真正实现。

（三）法治社会是有效地制约公权力的社会

历史上常见的两种应对方法：一种是以权利制约权力。所有宪法性权利构成了权力的边界。就权力和权利的关系而言，权力受控于权利，产生于权利。另一种是以权力制约权力，通过公权力的相互制衡来实现控权。

1. 以权利制约权力

在成熟的民主社会，公权力和私权利之间是有边界的，公权力受到有效监督和约束。在真正的法治社会，每个人的人权都能得到充分保障，不被公权力和其他私权利所侵犯。法治的核心和本质在于驯化权力：法律相当于给权力套上笼头、拴上缰绳，民主相当于将鞭子和缰绳交到人民的手中。[①] 所以，现代法治必须以一定程度的民主社会为基础，而成熟的法治与发达的民主是互相依存的。在现代社会，没有民主的法治，不是真正意义的法治，没有法治的民主，也不是真正的民主，而是徒有民主外壳虚饰的民主。现代法治的目的是保障人权，判断一个社会是不是法治社会主要以人权是否得到充分的保障为标准。以法治官，提高政府效能和反腐败，固然能约束权力，但会陷入“监督悖论”。如果“以法治民”，可能会强化社会秩序，但缺乏稳定性和长远性的保障。

2. 以权力制约权力

权力具有两面性，既有积极作用，又有腐蚀性等消极作用。阿克顿勋爵认为，权力导致腐败，绝对的权力导致绝对腐败。所以，要对权力进行监督和制约。政府与公民的权力来源是不同的，政府的权力来自宪法和法律的授权，个人的权利是与生俱来的。从法治的角度来理解限权，公权力机关有权也不能任性。法治的核心是分权制衡。只有法律制度体系完善，才有对权力的真正有效约束。孟德斯鸠认为，法律预设的前提是所有掌握权力的人都容易滥用权力，要防止滥用权力，唯一的办法是以权力约束权力。所以，对权力的约束不应是一种道义诉求，而应该由法律制度的强制力量来保证。法治的目的不是治理老百姓，而是要治权、治官。控权的核心观点是基于“权力来源于人民”。习近平总书记强调，每个党政组织、

---

① 丛日云：《现代法治社会的理想模式及其实现次序》，载《探索与争鸣》2015 年第 7 期。

每个领导干部必须服从和遵守宪法法律，不能把党的领导作为个人以言代法、以权压法、徇私枉法的挡箭牌。权力是一把双刃剑，在法治轨道上行使可以造福人民，在法律之外行使则必然祸害国家和人民。把权力关进制度的笼子里，就是要依法设定权力、规范权力、制约权力、监督权力。把权力关进制度的笼子里，正是人类的一大进步。另外，限权具有系统性、平衡性的特点，要有整体性、全局性的思维，必要时要向基层授权，需要考虑法律效果、社会效果的平衡。

3. 职权法定原则

“法无授权不可为”、“法定职责必须为”和“法无禁止皆可为”是有区别的。前两句话是对政府而言，是职权法定原则，国家机关（主要指行政机关）及其工作人员的职权必须有法律的明确授权，不能自行设定。法律授权是公权力行使的依据和边界。国家机关履行职责、行使职权必须清楚自身行为和活动的范围和界限。职权法定是法治的基本要求。对老百姓和企业来说“法无禁止皆可为”，就意味着法律没有禁止的事情都可以做。“法无禁止不为过，法无禁止不处罚”，就是法律没有明确禁止的事情，如果相对人做了不能被处罚处理。行政规范性文件俗称“红头文件”，行政规范性文件不得增加法律、法规规定之外的行政权力事项或者减少法定职责；不得设定行政许可、行政处罚、行政强制等事项，增加办理行政许可事项的条件，规定出具循环证明、重复证明、无谓证明的内容；不得违法减损公民、法人和其他组织的合法权益或增加其义务，侵犯公民人身权、财产权、人格权、劳动权、休息权等基本权利。

（四）法治社会是司法公正的社会

1. 保障司法有独立性和权威性

司法是解决社会矛盾和维护社会公平正义的最后一道防线。英国哲学家培根说过：“一次不公正的审判，其恶果甚至超过十次犯罪。因为犯罪虽是无视法律——好比污染了水流，而不公正的审判则毁坏法律——好比污染了水源。”公平正义是司法的灵魂和生命。要健全社会公平正义法治保障制度，努力让人民群众在每个司法案件中都能感受到公平正义。以司法体制改革为例，让法官有更多的独立性，这才能起到最后一道防线的作用。倘若司法没有独立性和权威性，就会出现“信访不信法”，存在数十年如一日的“信访专业户”，出现“大闹大解决、小闹小解决、不闹不解决”。信访量大幅上升，为解决信访问题，各地设立专门维稳经费，“搞定就是稳定、摆平就是水平”，为“息访罢诉”突破法律底线。信访不信法，因为基于维稳的角度，领导“批条子”推翻了之前生效判决，非正常程序干预了司法，破坏了司法的公信力。比如，司法地方保护主义，甚至出现“打官司”演变成“打管辖权”，有律师感慨：“打赢管辖权，就等于打赢一半官司。”

2. 对司法的制约监督

法治社会的标志之一是建立了规范高效的司法制约监督体系。司法监督包括对司法机构的内部监督和外部监督。在健全侦查权、检察权、审判权、执行权相互配合体制机制的同时，要加快构建规范高效的内在监督体系。检察机关作为法律监督机关，应加强检察机关对民事、行政、刑事诉讼活动的法律监督。坚持以“审判”为中心的诉讼制度，确保案件的审判质量，避免冤假错案。尤其是刑事公诉案件，法院应当敢于对公安机关做好、检察院端上来的不符合证据标准的“菜”，有“退菜”的勇气，强化审判的独立性。法院的审理不是“复读机”，应表现出应有的司法担当。对于当前刑事审判“认罪认罚从宽制度”改革，有人质疑存在检察院“越俎代庖”代替法院来定罪量刑之嫌。

外部监督既包括立法机构及政府对司法机构的监督，也包括民众对司法机构的监督。应进一步完善人大及政府、监委等机构对司法机构的监督。民众对司法机构的监督，要从有效性和广泛参与性上探索更多的渠道和方式。在司法调解、司法听证等司法活动中保障民众的有效参与。检察院有人民监督员监督检察办案活动，法院有人民陪审员监督审判等方式。新闻舆论和民意是对司法的有力监督，亦是保障司法公正的需要。实现司法监督的前提条件，是司法机构运作过程的公开透明以及信息对称。应提高司法机构运作过程和执行情况的透明度，让民众查询和知晓司法机构的非涉密信息。司法公平公正的前提是司法公开。阳光是最好的防腐剂，只有在信息对称透明的条件下，才能防止“暗箱操作”和“金钱案、关系案、人情案”等腐败现象。

3. 司法效率

司法效率也是法治社会的重要指标。迟来的正义为非正义，司法效率关乎社会公平正义的实现。案子久拖不决，司法效率低下的社会也不能称之为法治社会。应正确理解司法公正与司法效率的辩证关系，实现司法公正与效率的最佳平衡点。应辩证和理性看待司法，不能简单地说越公正越好，也不能说效率越高越好。例如，审级制度，单纯追求司法公正，两级不终审，审级越多越公正，但必然影响司法效率；单纯追求司法效率，审级越少越高效，但必然影响司法公正。司法机关应提高司法工作质效，实现公正与效率有机统一，推动司法质量、效率和效果全方位提升，避免司法活动周期过长，减少当事人逃避、恶意拖延诉讼等现象。当然，司法效率建立在司法公正的基础之上，反之“冤假错案”和“虚假诉讼”越多，司法越有效率，就会造成越大的不公平。

三、法治社会建设的构成要件

按照人类发展历史，先有人类社会，后有国家，与之相应，法治社会建设是法治国家建设的基础。法治社会和法治国家、法治政府的构成要件有着本质的区别，法治社会强调的不是公权力的运行，不是国家政治生活的法治化，而是每个人的生产、生活以及和日常生活相关联的社会生活的法治化。在社会生活领域，人和人之间的地位是平等的，不像公权力机关对被管理对象、行政相对人有着高高在上的权力。平等主体之间在权利和义务方面是平等的，一个人享有权利，他人有对应的不侵犯的义务，反之亦然。所以，在法治社会领域更为强调“规则”。规则确定了人际之间的界限，即自由的边界。在法律上明确规定了哪些事情禁止去做，除此以外的事可以自由地去做，叫“法不禁止即自由”。这和法治政府的原则“法无授权不可为”“法无授权禁止为”截然不同。所以，法治社会的建设为法治政府各项工作的实施奠定了良好的社会基础。同时，法治社会的强大会反过来督促法治政府建设的建成。那么，法治社会作为一种外在力量，倒逼推进法治政府的建设，两者是相辅相成的关系。所以，从总体上来看，推进法治社会建设，需要政府、社会、市场三者共同参与，这和法治政府、法治国家主要强调公权力和政府有本质上的区别。

（一）法治社会建设的主体

法治社会建设的主体包括公民、企业组织和社会组织，还包括党和政府组织。公民是法治社会建设的重要主体，而且企业经济组织、社会组织等组织作为“拟制的人”也需要参与法治建设，才能够共同推动法治社会的建设，才能够最终实现中国特色的社会主义法治。在现代法治社会的条件下，党和政府组织在民事活动领域，作为平等的民事主体参与民事交易和政府招标采购，在社会治理领域按照“党委领导、政府主导”等原则参与“多元共治”，需要遵照法治原则，各级司法行政部门作为法治社会建设的责任主体和归口单位，接受同级政府和上级部门的督查、检查和考核。法治只是众多社会治理的方式之一，不要矫枉过正，不要过于夸大法治的功能。

（二）法治社会建设的对象

法治社会建设的对象由城市社区、农村村落和网络虚拟社会等构成。关于网络虚拟社会和农村村落由于篇幅所限，不详细展开论述，笔者所举例证主要围绕城市社区展开。法治社会建设不仅是政府和国家层面的事情，更是全社会的事情。关于法治社会建设的对象，要重点把握以下几个方面：第一，要注重国家和社会之间的互动；第二，要组织和调动社会成员，每个公民都是原子化的个体，需要聚合和重塑；第三，要全社会参与法治社会建设。在法治社会建设中，要把那些需要调动的全体社会成员调动起来，所以，仅靠强制性的法律规则不能满足社会治理的需要，而是要“自治、法治和德治”三治融合。

（三）法治社会建设的内容

法治社会建设的主要内容包括建设覆盖城乡的现代公共法律服务体系，深入开展法治宣传教育，提高公民的法治素养，推进多层次多领域依法治理，提升社会治理法治化水平，建立多元化解矛盾纠纷的机制、企业合规化经营机制、诉源治理机制建设，将社会主义核心价值观融入法治社会建设、法治文化建设、协商民主的体制和机制建设、法治社区（乡村）建设、风清气正的网络社会建设等方面，内容涉及社会的方方面面。

四、新时代推进法治社会建设的重点任务

我国的法治建设不是渐进式、自发型的，而是人为建构型的。中共中央印发的《法治社会建设实施纲要（2020—2025年）》堪称1.0版，明确提出了法治社会的目标：要求建设一个信仰法治、公平正义、保障权利、守法诚信、充满活力、和谐有序的社会主义法治社会。“要加快实现社会治理法治化，依法防范风险、化解矛盾、维护权益，营造公平、透明、可

预期的法治环境。"① 要全面提升社会治理法治化水平，依法维护社会秩序、解决社会问题、协调利益关系、推动社会事业发展，培育全社会办事依法、遇事找法、解决问题用法、化解矛盾靠法的法治环境，促进社会充满活力又和谐有序。推进法治社会建设，要坚持依靠法治方式和法治手段解决各种社会矛盾和问题。提高社会治理的法治化水平，既不过于严苛，也不过于宽松，确保社会在建设现代化的过程中既有活力又有秩序。在新时代怎么建设法治社会？主要包括以下重点任务。

（一）以良法促善治来推动全社会信仰法治

全国人大在2011年已经宣布建成中国特色社会主义法律体系，可以说基本上解决了"有法可依"的问题。但是，要演化为法治化的社会秩序，切实保障社会安全，仅靠立法部门不断地制定和完善规则是不够的，仅靠行政机关加大行政资源去投入社会治理也是不够的，关键是依靠社会生活中的公民。法治社会建设和法治政府建设、法治国家建设的路径截然不同，只有动员和改变社会中的每个人，才能建立起法治化的社会秩序。

"法治"的本义是包含"良法善治"的，每个人都遵守已有的法律规则，才能建立起被社会公众所尊重、认可和信赖的法治化秩序。保障权利是法治的本质与目的，立法是分配权利，执法是落实权利，司法是救济权利，守法是追求自身权利的同时不侵犯他人的权利。公权力机关认真地对待私权利，每个人的权利都理应得到尊重和平等的保护。将每个公民权利意识、责任意识和道德意识转变为社会意识，是法治社会建设的实现路径。

习近平总书记指出："法律要发挥作用，需要全社会信仰法律。"我国的法治社会建设不能止步于规则的建构，更要去关注人们对于"法"的信仰，"法"有没有成为人们行为和选择的主要依据。通过法治社会建设来影响公民的观念和塑造公民的行为，是共同推进国家治理现代化的社会基础。树立法治信仰是一个由量变到质变的长期过程，从人治的观念变为法治思维，再改变社会行为。

（二）树立以社会公平正义为核心的实质法治理念

与社会公平正义密切相关的社会资源配置、国民收入的分配和再分

---

① 习近平：《在中央全面依法治国委员会第一次会议上的讲话》（2018年8月24日），载习近平：《论坚持全面依法治国》，中央文献出版社2020年版，第234页。

配，以及幼有所育、学有所教、劳有所得、病有所医、老有所养、住有所居、弱有所扶“七有”基本公共服务，只有法治的保障，促进社会公平正义制度和机制才能真正实施和运作，社会和人的现代化才能实现。

法治是实现公平正义的重要手段，在未来社会，人们对法治有更多的社会认同和信仰认同。实现共同富裕需要通过法治来保障。比如：公平就业法、反歧视法等其他配套改革，在法治领域应当破除阶层固化，给予社会底层向上流动更多公平发展的机会，防止出现阶层固化和代际传递贫穷。人是社会关系的总和，对一个人社会行为的分析，要结合社会阶层和社会群体的整体认知，社会规则如何对每个群体产生作用。法治的实施是比立法更艰难的过程，这决定了法治社会要更加注重国家和社会的互动关系。

通过法治所要求的公平正义理念来塑造社会关系和改造社会，改造社会中不公平、不公正等阴暗面，然后向着文明现代化的社会去变迁。在市场经济大潮中，人和组织之间的关系不如改革开放前连接紧密了，反而因为地域、宗教、行业、财富、受教育状况不同而产生分化，这种分化导致不同群体的认知有明显差异，不是整齐划一的。现代法治作为一个舶来品，吸收了现代人类文明的成果。因为法是社会公平正义的重要保障，保障了社会每个人的基本权利和社会基本秩序，通过全民守法，社会才能够实现可持续发展，社会中的每个人才可以和谐稳定、安居乐业。罗尔斯的《正义论》核心观点是“己所不欲，勿施于人”，是个人生活在社会中做行为选择的衡量标准。人的行为选择实际上是潜规则在起作用。一方面，在不伤害别人利益的情况下，实现利益最大化；另一方面，在与他人合作时，一定要考虑是否符合社会所认同的公平正义。因为对于利益最大化，个人努力就可以去追求，但公平正义是社会对个体行为选择的评价，不是自我评价。形式法治主要是指法治的形式性和工具性，强调法治的程序性和外在性的显现。实质法治的目标是公平正义，必须牢牢把握社会公平正义这一法治价值追求，努力让人民群众在每一项法律制度、每一个执法决定、每一宗司法案件中都感受到公平正义。

公平正义是社会中每个成员对社会最基本的期待。公平正义也是社会制度能够得到民众自觉遵守的伦理基础。在规则设计的层面，要保障每个公民权利平等、机会平等，适用规则公平。例如，北京物美集团张文忠案件再审被改判无罪，民营企业和国有企业发展机会不平等，仍然有一些人对民营企业另眼看待。如果政府公务员头脑中没有公平竞争意识，就很难真正从“政府端”优化营商环境。

（三）提高社会治理的法治化水平

党的十八届三中全会通过的《中共中央关于全面深化改革若干重大问题的决定》中首次提出“社会治理”概念，代替了原来的“社会管理”。治理和管理一字之差，内涵外延截然不同。以前政府管理、社会管理，管理有主体和客体，A 管 B。但是，社会治理理念不同，它不是以 A 主体、B 客体来定位，而是强调实现公共事务的共同目标。为了实现公共目标，不同主体都可以参与治理，所以治理意味着多元主体参与。从管理到治理，意味着对象发生变化，以前在社会管理中，社会是作为被管理者，但是在社会治理中，社会本身就是治理的主体，政府也是主体。治理方式具体表现为“四维治理”，即系统治理、综合治理、依法治理、源头治理，所以是政府、社会、社区、企业、公民多元协作以实现共同治理结果。由“管理”到“治理”虽一字之变，却体现社会建设理念的与时俱进。

《法治社会建设实施纲要（2020—2025 年）》在“推进社会治理法治化”中提出的第一层要求是“推进社会治理制度化、规范化、程序化”，这恰恰对应了中国特色社会主义法治最基础的三个逻辑：第一，制度化即“规则逻辑”，旨在确立并运行公正的制度，尊重规则、依法而治，这是限权的起点；第二，规范化即“控权逻辑”，旨在规范公权力的行使，对权力的扩张保持谨慎并强化监督，这是限权的核心；第三，程序化即“程序逻辑”，旨在要求公权力按照程序正义的要求作出决定。[①] 法治社会建设的过程，本质上是由传统社会向现代化社会演变的过程，是调动社会资源、凝聚人心达成社会共识的过程。所以，法治社会的核心是法在社会中被认可和实施的状况，而不是在立法机关所制定的法律健全与否。法制“多而全”不等于法治就完善，公民法律知识完备也不代表社会的法治程度和文明程度。《孟子·离娄上》曾记载：“徒善不足以为政，徒法不能以自行。”意思是只有法令不能够使之自行发生效力。要强化依法治理，不断提升全体公民法治意识和法治素养，培育全社会办事依法、遇事找法、解决问题用法、化解矛盾靠法的法治环境，使法治成为社会共识和基本准则，这样

① 李龙：《中国特色社会主义法治体系的理论基础、指导思想和基本构成》，载《中国法学》2015 年第 5 期。

才有利于降低社会治理成本。

（四）平衡社会秩序和活力之间的辩证关系

2020 年 8 月，习近平总书记在主持召开经济社会领域专家座谈会时提出："一个现代化的社会，应该既充满活力又拥有良好秩序，呈现出活力和秩序有机统一。要更加注重维护社会公平正义，促进人的全面发展和社会全面进步。"我们要正确理解和处理好活力和秩序的关系。一个现代化的社会，应该既充满活力又拥有良好秩序，呈现出活力和秩序有机统一；要树立动态的、法治的、持续的社会稳定观，既不能一管就死、死气沉沉，也不能管得太松、野蛮生长，要重视实质法治、柔性维稳。

法治社会建设是构建整个社会主义法治体系的社会基础。如果没有健全的法治社会，通过保障私权利来划清权力的边界，制约和监督公权力，使得公权力规范运行，法治政府建设可能就大打折扣。所以，在整个国家的法治建设中，法治社会是法治国家的基础，法治政府要发挥先行示范带动作用的关键，如果法治社会建设滞后会影响和制约全面依法治国战略的进程。

（五）平衡处理好法治国家、法治政府和法治社会的关系

划分好公权力与私权利的界限，"风能进，雨能进，国王不能进"，公权力不要过度干预私人空间和领域。通过法治意识强的公民来监督政府的各项举措，有利于扭转无限政府和弱社会格局，形成有限政府和强社会的互动模式。强大的法治社会又会倒逼和推动法治政府建设。改革开放 40 多年来，我国的法治建设更多地强调法治政府建设，侧重于"政府端"，着力于自上而下推动。党的十八届四中全会提出了法治社会建设，更侧重强调"自下而上"推动法治建设。

按照马克思市民社会理论，市民社会与政治国家并列存在是现代国家的基本特征。恩格斯在《关于共产主义者同盟的历史》中提出，"决不是国家制约和决定着市民社会，而是市民社会制约和决定着国家"。国家和社会之间的这种辩证关系揭示，国家要朝着法治的目标推进，离不开社会的支持和社会中每个成员的参与。所以，法治社会是法治国家得以实现的重要基础。如果在法治社会建设过程中，"干部在做，老百姓在看"，老百姓觉得法治工作是政府司法部门的工作，跟个人没什么利害关系，会导致法治社会建设进展缓慢。

（六）多元有效化解社会矛盾纠纷

作为一个发展中国家，在现代化的进程中普遍面临的问题是：如何处理市场经济自由和良好的社会秩序之间的关系？拉美国家在人均达到1万美元时，经济陷入停滞，社会秩序混乱，不具有可持续发展能力。我国社会如何避免陷入“拉美陷阱”？社会既要有活力，又要有秩序，通过有效的治理来实现良好的社会秩序。在此，可以从社会个体和社会成员之间关系的角度来理解“秩序”。一方面，强调个体有自由公平竞争的机会，才能最大限度地激发技术的创新发展；另一方面，社会成员之间关系保持和谐稳定，各美其美，美人之美，美美与共。当然，片面地强调秩序，社会可能被管理成一潭死水；片面地强调自由，各自为政，可能会导致社会像一盘散沙似的效率低下。

就化解社会矛盾而言，“法治”比“人治”方式更刚性有效和稳定。按照人治方式处理争议纠纷，可能对一方或双方当事人进行压制。有的地方试图以道德绑架、威胁或强制手段平息争议纠纷，结果往往反而是“口服心不服”，矛盾像“滚雪球”一样积累，甚至导致社会矛盾“雪崩”。有的地方对“狮子大开口”的当事人进行利诱收买，利用维稳经费花钱买平安。“人治”的结果往往是某个矛盾焦点暂时平息，却引发更多的连锁反应。比如：房屋拆迁腾退或土地征收补偿案件，大量不闹事的已拆迁人看到“守法成本高，违法成本低”，出于怕吃亏的心理，可能公然违法抗法闹事。法治方式处理争议纠纷，是依据法定框架、规则、标准解决当事人诉求，解决问题的过程中虽然可以自由裁量，有协商调解的空间，但协商调解不能像无限伸缩的弹簧，超出法定的自由裁量幅度，而且裁量应考虑相关因素，不考虑不相关因素，做到“同等情况同等对待，相似情况相似对待，不同情况不同对待”。实践证明，法治是化解社会矛盾纠纷、维护社会秩序稳定，实现法律效果与社会效果统一的高效方式。

（七）普法“全覆盖、无死角”

日本当代法学家川岛武宜认为：“大凡市民社会的法秩序没有作为法主体的个人的守法精神是不能维持的。因此，为权利而斗争不仅是法秩序成员的权利而且也是其道义上的义务。具有这种性格的法，如果没有守法精神，而仅靠权力，是不能得以维持的。”这里的守法精神至少包含了三层意思：一是守法既是一种权利，也是一种道德义务；二是守法是一种自觉自愿的行为而不是靠命令的强制，靠国家强制力虽使人“守法”，但这种“守法”只能是一种外在强加的义务，不会也不可能化为一种权利，更不可能化为人的道义上的义务；三是所守之法的品格是权利之法、人权之法，否则守法精神也会变为避法精神，规避法律将成为一种社会普遍现象。守法仅仅是法治的外在表现形式，守法精神才是法治的灵魂。①

如何实现全民守法，而不是功利性的归避法律？这是中国法治的痛点。如何改变“大闹大解决、小闹小解决、不闹不解决”现象？关键在于改变“违法成本低、守法成本高”的问题，提高处罚的威慑力度。以长生疫苗为例，长春长生药品疫苗的违法犯罪始于2004年，持续到2018年，根本原因在于违法成本太低。2018年10月，国家药品监督管理局和吉林省食品药品监督管理局依法对长春长生公司违法违规生产狂犬病疫苗的行为作出顶格处罚：没收其违法生产的产品，没收违法所得18.9亿多元，并处违法生产销售货值金额3倍的罚款共计72.1亿元，两项合计91亿元。②

有廉政和反腐败研究机构发表的实证数据显示，学法律的人并不比不学法律的人更尊重法律。相反，法律人的违法犯罪比例比普通人群要高，属于具有违法犯罪倾向的高危人群。这种“法文化”现象怎么解释？司法本来是保护人权、守卫公正的最后一道制度防线，但近年来发生的司法腐败案件让人思考“为什么最不该腐败的人却腐败了”，少数司法工作人员没有真正信仰法律，仅仅把法律当作工具对待，后沦为被金钱围猎的阶下囚。

（八）营造有法治文化氛围的社会生态环境

每个人从出生后，在社会的滋润和影响下逐渐成长为“社会人”。每个人戴着面具，在单位是“单位人”，在社区是“社区人”。良好的社会文化，像“看不见的手”一样规范和约束人的行为举止，让人不逾矩、不越界。社会环境通过对每个个体观念的塑造和行为的改变，来共同促进法治社会的创建。

推进法治社会的路径还包括营造法治的环境和塑造个体的观念和行为。主要包括：第一，改变人的认知。国家现代化进程也伴随着人的现代

---

① 范进学：《论道德法律化与法律道德化》，载《法学评论》1998年第2期。

② 《八项违法行为、91亿元顶格处罚——法律专家解读对长春长生公司的行政处罚决定》，载中国政府网，http：//www. gov. cn/zhengce/2018－10/16/content_ 5331351. htm。

化。在意识层面，改变人的思维观念是最难的事情。在民众心目中逐步树立对法治的信仰，生活、工作、做人、做事都遵循法治思维。第二，从人和社会互动的角度来塑造行为。人是活在社会关系里的，如果社会某种违法犯罪的行为大幅增加，需要去反思是否社会制度设计出了问题。所以，要从人和社会互相塑造及影响的角度来强调法治文化建设的重要性。第三，建立重大矛盾纠纷解决机制。在法治的框架下解决社会矛盾纠纷，不能为了“维稳”突破现行法律，形成“大闹大解决、小闹小解决、不闹不解决”的恶性循环。所以，要抓住化解矛盾纠纷“利益”的核心点，让民众内心确信通过“法治”而不是“闹”实现公平正义的利益分配。第四，社会是一个有机共同体和网络。要形成一个人人参与的共建共治共享的共同体，能否调动和影响全体社会成员有效参与是法治社会建设的关键所在。

卢梭曾说过，“规章只不过是穹隆顶上的拱梁，唯有慢慢诞生的风尚才最后构成那个穹隆顶上的不可动摇的拱心石”。管用而有效的法律，既不是铭刻在大理石上，也不是铭刻在铜表上，而是铭刻在公民的内心。最重要的法律是非强制性的软法，法治精神和法治文化等构成的软环境应该成为法治社会建设的拱心石。充分发挥法治文化的引领、熏陶作用，让每个人都信仰法治、恪守诚信，形成充满活力、和谐有序的社会生态。

第二章　新时代社会主要矛盾新变化与建设法治社会的关联

党的十九大报告在“过去五年的工作和历史性变革”中提出，中国特色社会主义进入新时代，我国社会主要矛盾已经转化为人民日益增长的美好生活需要和不平衡不充分的发展之间的矛盾。这是对中国特色社会主义进入新时代作出的实事求是的重大判断。此后，党的十九大报告第四部分“决胜全面建成小康社会，开启全面建设社会主义现代化国家新征程”中提出，第一个阶段，从二〇二〇年到二〇三五年，在全面建成小康社会的基础上，再奋斗十五年，基本实现社会主义现代化。到那时，法治国家、法治政府、法治社会基本建成。这是首次对法治国家、法治政府和法治社会的建成提出具体的时间表。法治国家是法治建设的目标，法治政府是法治建设的主体，法治社会是法治国家的基础，三者共同构成建设法治中国的三根支柱。在我国，全面依法治国应当坚持三者同步规划、同步实施。法治社会建设虽然晚于法治政府建设，但它的提出弥补了单一法治政府建设的不足，适应了当代中国依法进行社会建设的客观要求。

一、社会主要矛盾重新界定的必要性

唯物辩证法的核心观点是：矛盾是事物发展的源泉和动力，同一事物在发展的不同过程和阶段上有不同的矛盾。党的十九大报告提出，“经过长期努力，中国特色社会主义进入了新时代，这是我国发展新的历史方位”。“我国社会主要矛盾已经转化为人民日益增长的美好生活需要和不平衡不充分的发展之间的矛盾。必须认识到，我国社会主要矛盾的变化是关系全局的历史性变化。”这是自 1981 年党的十一届六中全会以来有关我国社会主要矛盾表述的首次改变。对社会主要矛盾作出新界定是中国特色社会主义发展到新时代阶段的深刻总结，是党的十九大的重大理论创新和历史贡献。

（一）新时代社会主要矛盾的理论内涵

1. 人民日益增长的美好生活需要的理论内涵

党的十九大报告本身没有具体描述美好生活的内容构成，但从报告的有关论述中可以确定美好生活包括的方面。报告写道：在新时代，“我国稳定解决了十几亿人的温饱问题，总体上实现小康，不久将全面建成小康社会，人民美好生活需要日益广泛，不仅对物质文化生活提出了更高要求，而且在民主、法治、公平、正义、安全、环境等方面的要求日益增长”。提出了发展的中期目标：“我们要在继续推动发展的基础上，着力解决好发展不平衡不充分问题，大力提升发展质量和效益，更好满足人民在经济、政治、文化、社会、生态等方面日益增长的需要，更好推动人的全面发展、社会全面进步”“不断促进人的全面发展、全体人民共同富裕”“让改革发展成果更多更公平惠及全体人民，朝着实现全体人民共同富裕不断迈进”“发展素质教育，推进教育公平，培养德智体美全面发展的社会主义建设者和接班人”。这就表明，美好生活需要包括在经济（物质）、文化、社会、民主、法治、公平、正义、安全、生态、环境这十个方面的要素，基本发展方向是“人的全面发展、社会全面进步”。在以上十个方面中，直接属于法治社会建设内容的有四个方面，即民主、法治、公平、正义，其他六个方面和法治社会建设存在相互促进和相互制约的关系。追求公平和正义本身就是美好生活的必要组成部分。相对而言，党的十九大报告对新的社会主要矛盾的表述用“美好生活需要”代替“物质文化需要”，淡化了“物质文化需要”，强化了非物质层面的“软需求”，从而拓宽了我国法治社会建设的发展空间。

2. 发展的不平衡和不充分的理论内涵

党的十九大报告在提出中国特色社会主义进入新时代、社会主要矛盾已经发生转化之后，紧接着讲，“我国社会生产力水平总体上显著提高，社会生产能力在很多方面进入世界前列，更加突出的问题是发展的不平衡不充分”。目前的发展不平衡和不充分，是以我国生产力已获得显著发展、在很多方面进入世界前列作为前提的；而不是仅以生产力落后，以乡村落后于城市、中西部地区落后于东部地区为前提的。城乡和区域发展不平衡、不充分过去就存在，将来也会不同程度的存在，现在社会治理的目标是让其逐渐缩小，而不是日益加剧。

所谓发展的不平衡，主要是从发展的空间结构而言，存在区域之间、行业之间、领域之间以及群体之间的差距。比如：领域不平衡是指经济领域的发展快速，政治、社会、文化领域的发展虽稳步推进，但与经济发展相比尚相对滞后，在生态文明建设方面的差距可能更加明显。区域不平衡主要是指东中西发展不平衡、城市与农村发展不平衡、发达地区与欠发达地区发展不平衡，甚至城市内部、发达地区内部、农村内部也存在发展不平衡现象。群体不平衡主要是指不同社会群体在共享发展成果方面有差距，建立在良性“橄榄型”社会结构上的财富公平正义分配格局有待形成。此外，具体到各个领域内部也存在很大不平衡。比如，经济领域中实体经济与金融、房地产发展不平衡，低端产业与高端产业发展不平衡，国有大企业与民营小微企业的发展不平衡。所谓发展的不充分，主要是从发展的总体水平特别是发展的质量而言，在现阶段，这种发展的不充分主要是指整个社会的发展质量不高、发展程度不高、发展态势不稳固，更多表现为政府供给的公共物品和公共服务不充分，生产要素市场化不充分。发展“不充分”是“不平衡”产生的客观基础，发展“不平衡”会反过来加剧“不充分”。用发展不平衡、不充分来描述当前社会现实状况更加精准，更加切合实际。

3. 社会主要矛盾的“变化”与我国所处的历史阶段“不变”是辩证统一的

对社会主要矛盾变化的判断要实事求是，既不能超前，也不能滞后，要与时俱进。党的十九大报告提出我国社会主要矛盾发生的变化，是关系全局的历史性变化。但是，我国社会主要矛盾的变化，没有改变我们对社会主义所处历史阶段的判断，我国仍处于并将长期处于社会主义初级阶段的基本国情没有变，我国是世界上最大发展中国家的国际地位没有变。社会主义初级阶段仍然是不发达阶段，虽然我国国内生产总值自2010年居世界第二位，但经济发展水平不是决定初级阶段的唯一条件，还涉及政治建设、文化建设、社会建设、生态文明建设等各个方面，需要从整个社会主义事业全局发展来看。尤其是我国的法治社会发展存在相对滞后性，法治社会建设从顶层设计的理论转化为实践的难度尤大，存在长期性和复杂性。

（二）新时代社会矛盾的主要特点

随着改革开放向纵深推进，处于社会转型期的社会矛盾和社会问题呈现新的特点。从整体上看，社会矛盾的性质仍然属于非对抗性的、显性的、常态化的人民内部矛盾，是一个社会演进过程中的正常现象。新时代社会矛盾的主要特点有以下几点。

1. 矛盾诉求多元化

当今社会已经进入转型期，社会矛盾的内容从以往较单一的以经济利益为中心逐渐走向经济、文化、社会和生态等利益交织叠加为特点的矛盾新常态。社会由单一利益、封闭性变为多元利益、开放性，利益诉求的多元化是当今中国社会的基本特征。伴随经济利益多元化，出现了政治利益多元化、思想多元化、价值观多元化，这是社会进步和发展的表现，构成了法治建设的社会基础。

2. 社会矛盾显性化、复杂化

在社会矛盾呈现显性化特征的同时，社会矛盾所指向的内容日趋复杂多元。随着经济社会发展和人民生活水平的提升，人们在强化物质需求的同时，精神需求、文化需求和生态环境需求日益增强，从而使得原本单一的经济诉求演变为多种诉求的叠加，主要表现为社会诉求同经济问题相交织，环境问题与发展问题交互在一起，表现在矛盾内容上呈现交织叠加的特点。比如，在征地拆迁纠纷中，不排除极少数法律意识薄弱的人采取极端方式，如暴力抗法、绝食等不合作方式，来吸引社会舆论的关注，以寻求自身利益最大化。

3. 社会矛盾易产生“积聚效应”

我国的宪法第 2 条第 1 款规定，国家一切权力属于人民。人民当家作主是社会主义本质的体现。但在实践中，人民作为权力主体是虚位的，直接选举只是到了县级人大层面，有学者提出提升各级人大代表直选的层级直到全国人大代表直选。① 改革开放 40 多年来，由“单位人”向“社会人”过渡之后，人们的思想观念发生了深刻变化，传统的个人利益无条件地服从集体利益的观念受到挑战，以个人为中心的利益格局得到强化，个体的权利意识和维权意识增强，在利益博弈面前，简单的个人服从集体的观念在实践推进中受到阻碍，人们的民主意识、法治意识、参与意识、表达意识、监督意识在不断增强。在自媒体时代，社会矛盾易产生“积聚效应”和“蝴蝶效应”，由微不足道的小事件转化和放大为公共事件。

---

① 童之伟：《社会主要矛盾与法治中国建设的关联》，载《法学》2017 年第 12 期。

二、法治社会建设中面临的现实困境

党的十八届三中全会首次提出，坚持法治国家、法治政府、法治社会一体建设，相对法治国家和法治政府而言，法治社会建设处于更为基础性的地位，是实现中国特色社会主义法治目标的社会土壤和地基。并且，从社会主义法治建设的现实来看，社会治理层面的法治建设更加薄弱和复杂。党的十九大报告提出，加强社会治理制度建设，完善党委领导、政府负责、社会协同、公众参与、法治保障的社会治理体制。在此，法治的功能主要是为实现社会治理目标的保障。

2018 年 8 月，在中央全面依法治国委员会第一次会议上强调法治国家、法治政府和法治社会的重要关联，“法治国家、法治政府、法治社会三者各有侧重、相辅相成，法治国家是法治建设的目标，法治政府是建设法治国家的主体，法治社会是构筑法治国家的基础”，将“推进法治社会建设”作为全面依法治国的七项重点工作之一，提出了加快社会治理法治化、建设社会主义文化、加快公共法律服务体系建设、依法治网等要求。2019 年 1 月，习近平总书记在中央政法工作会议上提出了“社会治理为了人民”“打造人人有责、人人尽责的社会治理共同体”等要求。2020 年 2 月，在中央全面依法治国委员会第三次会议上提出全民普法、增强全民法治观念等要求。

2020 年 11 月，习近平总书记在中央全面依法治国工作会议上提出推进全面依法治国，要重点抓好“十一个坚持”。其中，第七个坚持是：要坚持依法治国、依法执政、依法行政共同推进，法治国家、法治政府、法治社会一体建设。之所以提出“共同推进”“一体建设”，旨在解决法治建设中的“政出多门，部门利益化，争权诿责”等突出问题，破解法治发展不平衡、不充分的问题。当前，我国法治社会建设中主要存在以下几个问题。

（一）社会治理规则不统一

目前，我国在规则上至少存在三大问题：一是规则不统一，潜规则盛行，法出多门；二是规则不稳定，多变；三是规则的变化并不具有确定性和规律性。[①] 由此导致的社会治理成本和维稳成本居高不下。虽然我国社

---

① 胡锦光、刘作翔、蒋立山、梁迎修：《法学专家学习十九大会议精神 畅谈法治建设观点摘编》，载《法学杂志》2017 年第 11 期。

会主义法制已经基本建成，有法可依的目标已经实现，但是法出多门，立法行政化、行政部门化、部门利益化的倾向比较严重，整个法制体系内部并不统一。党的十九大报告提出了“合宪性审查”，以保证法治的统一性和宪法的权威性。2021 年 1 月 20 日，全国人大常委会听取了法工委 2020 年备案审查工作情况的报告，首次提出和公布“与宪法规定不一致”的不合宪案例，这是报告首次将“合宪、涉宪性问题”单列，并披露了“不合宪”案例。有些地方立法规定民族学校用民族语言教学，全国人大常委会法工委审查后认为，前述规定与宪法关于国家推广全国通用普通话的规定不一致，也和国家通用语言文字法、教育法等有关法律规定不一致，已要求制定机关修改。另外，收容教育的废止被学者认为是全国人大常委会首次回应公民的合宪性审查申请。① 2020 年 4 月，国务院废止了《卖淫嫖娼人员收容教育办法》，但整个过程中都没有提及“宪法”，更没有“不合宪”之类的表述。全国人大常委会自 2017 年开始听取并对外公开备案审查工作报告。合宪性审查，能够有效防止地方政府滥发红头文件、各自为政的行为。

（二）社会缺乏规则意识

社会缺乏规则意识，主要表现为：一是潜规则的盛行，我国社会治理领域中存在大量的潜规则，存在表里不一的“两面人”，如买官卖官、权力寻租、官商利益输送等腐败现象仍然存在，这些潜规则与显规则同时并存，侵蚀正常的社会秩序，导致社会显规则体系分崩离析。二是上有政策，下有对策的投机心理普遍存在，如为了规避限购政策，北上广深等地中国式结婚、中国式离婚，对于自己有利的政策就接受，对于自己不利的政策就规避。三是反诚信行为对社会规则的解构。违反规则的人获取利益，遵守规则的人反而丧失利益，违反诚信行为破坏了“诚实守约”的社会风气，导致人们对于社会规则的忽视和轻视，对社会运行的公共理性产生消极影响。

（三）社会崇尚行政思维、权力思维，缺乏法治思维

当前尚没有形成良法善治的治理模式，过去政府是全能型政府，无限

---

① 《四年来首次公布“不合宪”案例——合宪性审查“小步快跑”》，载腾讯网 2021 年 3 月 1 日，https：//new. qq. com/rain/a/20210227A05I4000。

政府，曾在计划经济时期所形成的简单、低效的社会治理模式，长期以来已经固化为思维惯性，过多地使用行政命令型、管控型的治理方式，已经不适应新时代社会领域的治理要求了。法治国家、法治政府和法治社会一体化建设过程中，法治政府建设要求控制国家公共权力，这种控制离不开公民参与，而公民参与的过程也是法治社会不断发育完善的过程。①

我国实行改革开放已经40多年了，从1992年起，我国正式确立了市场经济体制，市场经济的本质是自由经济、权利经济、平等经济、规则经济。经过20多年市场经济的洗礼，人们的权利、自由、平等意识有所增强。这就需要用在社会治理上，运用法治思维妥善处理和社会成员之间的关系。

（四）社会缺乏契约精神

契约精神产生于商品经济成熟和发达的社会。而中国在改革开放前一直是农业社会，商品经济不发达，传统文化缺乏契约精神，在我国，对契约的尊重和保护力度不够，在中国缺乏完善的违约制约机制。人都是趋利避害的理性生物，当违约的收益远大于守约的利益，或者违约的收益远大于违约带来的风险和损失时，违约会是一个很好的选择，这导致有约不守，社会诚信缺失。

三、在社会主要矛盾发生新变化的基础上提升法治社会的建设空间

目前，我国还没有实现建设社会主义法治国家这一目标，只能算处于从人治状态向法治状态过渡转型时期的国家或社会。我国历史传统上是人治国家、人治社会，建设法治社会任重道远，建成需要几代人的努力。在传统观念中，法治社会主要是指全社会成员共同遵法守法。社会普遍守法固然是法治社会的重要特征，但仅仅要求社会成员守法则是片面的、肤浅的，法治社会还必须是社会成员合法权益得到有效保障的社会。党的十八大以来，提出了四位一体的整体法治社会建设内容，包括：推动全社会树立法治意识，推进多层次多领域依法治理，建设完备的法律服务体系和健全依法维权和化解纠纷机制，是全方位推进法治建设的战略举措。2018年

---

① 杨炼：《法治国家、法治政府与法治社会一体建设》，载《重庆社会科学》2014年第10期。

8月，中央全面依法治国委员会第一次会议召开，提出了要推进法治社会建设，依法防范风险、化解矛盾、维护权益，加快形成共建共治共享的现代基层社会治理新格局。

全面依法治国是一个系统工程，要整体谋划，更加注重系统性、整体性、协同性。依法治国、依法执政、依法行政是一个有机整体，关键在于党要坚持依法执政、各级政府要坚持依法行政。法治国家、法治政府、法治社会是相辅相成的，法治社会是构筑法治国家的基础，法治社会建设发挥着基础性、根本性的作用。全面守法是法治社会的基础工程，要不断提升全体公民法治意识和法治素养，使法治成为社会共识和基本准则。要强化依法治理，培育全社会办事依法、遇事找法、解决问题用法、化解矛盾靠法的法治环境。要推动更多法治力量向引导和疏导端用力，完善预防性法律制度，完善社会矛盾纠纷多元预防调处化解综合机制。本书主要阐述从以下几个方面提升法治社会的建设空间。

（一）培养全体公民的法治意识，摒弃“官本位”思想和人治思想

法治的基本内涵有两层，即通过民主立法制定良法和法律至上。其中，法律至上首先是宪法至上，通过合宪性审查，加强宪法实施和监督，维护宪法的权威。在专制国家，国王就是法律，在法治国家，法律就是国王，政府和社会民众普遍守法，遇事找法，解决问题靠法，不依靠内部红头文件和领导批示。人治的表现是统治者、领导者的话就是法律，以言代法、以权压法、逐利违法、徇私枉法，虽然同时有法律，但法律只做办事的参考，成为虚假的“摆设”，成为没有威慑力的“稻草人”。对全体社会成员进行公民法治教育，这需要好几代人代际更替，才能沉淀和形成良好的公民素养，有较好的平等意识、尊严意识、权利义务意识、规则意识和契约精神。

（二）推进形成共建共治共享的基层社会治理格局

进入新时代，在法治社会建设领域满足人民日益增长的美好生活需要，应该分层次、分类别、精准化。具体地说，就是应当适应不同阶层的具体需求，分层次、有针对性和实效性地提出社会治理的举措，具体问题具体对待，不能一刀切，允许存在合理的差别。不同阶层的群体对美好生活的认可度存在很大差别。一般来说，低收入群体关注获得感，主要是要求增加工资收入，解决温饱需求；高收入群体关注安全感，包括财产安

全、税收减免问题和社会秩序的稳定。例如，律师等自由职业者，他们重点关注的是言论表达自由、社会平等和公平正义等问题；城市外来流动人口比较关注融入城市的问题，如户口迁入获得市民待遇、平等受教育权、异地高考等教育均衡问题。因此，推进多层次多领域依法治理，通过逐步满足不同社会阶层包括特殊群体的合理、合法、正当需求，有利于引导社会发展更加充分和均衡。

（三）建设完备的法律服务体系，提升社会治理体系和治理能力的现代化水平

随着社会多元化与高度异质化的发展，政府“大包大揽”所有社会事务已无可能，以非政府组织为主体的社会组织已然成为社会治理的重要主体。完善市民公约、乡规民约、学生守则、行业规章、团体章程等社会组织的规范，使社会治理的过程成为培育和践行社会主义核心价值观的过程。针对缺乏契约精神的失信行为，应当依法惩处公德失范、诚信缺失的违法行为，严惩突破道德底线、丧失道德良知的行为。加强社会信用体系建设，完善省、市、县三级信用信息数据交换共享平台体系，推进信用信息整合、公开和应用，制定失信“黑名单”制度，建立和完善守信联合激励以及失信联合惩戒的制度和机制，营造诚实守信的良好社会氛围。

（四）健全依法维权和化解纠纷机制

对于社会矛盾，要善于应用法治、民主、协商的办法进行处理。党的十八届四中全会提出重大决策要经过公众参与、专家论证、风险评估、合法性审查、集体讨论法定程序，完善重大决策社会稳定风险评估机制，从源头上预防和减少社会矛盾。完善矛盾纠纷多元化解机制，推动人民调解、行政调解、司法调解衔接联动，推进诉讼与非诉讼方式有机衔接，建立规范完善的公众参与规则程序，提高矛盾纠纷多元化解机制的实际效果。引导人们运用法律手段解决问题，形成办事依法、遇事找法、解决问题用法、化解矛盾靠法的社会氛围。

“徒法不足以自行”，法治不仅仅是华丽的辞藻和装饰，其还在于社会民众的日常践行。在社会主要矛盾发生深刻变化的前提和基础上，重新评估法治社会的重点、难点问题，拓宽法治社会建设的研究空间，调整法治社会建设的策略和思路，具有重大的现实意义和理论价值。

第三章　新时代把社会主义核心价值观融入法治社会建设

价值是从满足人需要的关系中产生的，是客体对主体需要的满足。核心价值观是建立在根本利益基础之上的，使社会系统得以运转、社会秩序得以维持的基本精神依托。社会主义核心价值观，其本质是反映社会主义基本的、稳定的社会关系及价值追求的价值理念。它既体现了社会主义的本质要求，又是对以往价值观的超越。社会主义核心价值观的塑造是意识形态层面文化建设的核心内容，文化虽不是影响社会发展和进步的唯一因素，但也是重要因素之一。如果从纯主观的角度给文化下一个定义的话，文化指的是一个社会中的价值观、态度、信念、取向以及人们普遍持有的见解。[①] 在此，广义的价值观和文化是同义词。法治是社会主义价值体系的“压舱石”。广义“法治”的过程包括但不局限于立法、行政、司法、守法等方面的运行，还有大量的非正式规则、制度、社会心理、文化形成支撑。法治既包括“良法善治”，又蕴含着人类对普遍的道德理念价值与终极关怀目标的追求。将社会主义核心价值观融入法治社会建设，本质上是以价值观为内容、以良法善治为最终目标，融合法治建设、文化建设和社会建设的潜移默化过程。社会治理强调政治、法治、德治、自治、智治“五治”结合，应侧重法治，以强大的法治力量去提升公民的道德水准，培育平和、理性的社会行为方式。

党的十八大以来，习近平总书记围绕社会主义核心价值观的属性、本质和作用，社会主义核心价值观的文化基因、思想渊源、培育和践行，社会主义核心价值观融入法治建设等发表了一系列重要讲话。2014 年 10 月，习近平总书记在党的十八届四中全会第二次全体会议上的讲话中强调，法律是道德的保障，可以通过强制性规范人们行为、惩罚违法行为来引领道德风尚，要注意把一些基本道德规范转化为法律规范，使法律法规更多体

---

① ［美］塞缪尔·亨廷顿、劳伦斯·哈里森主编：《文化的重要作用：价值观如何影响人类进步》，新华出版社 2010 年版，第 9 页。

现道德理念和人文关怀，通过法律的强制力来强化道德作用、确保道德底线，推动全社会道德素质提升。习近平总书记指出："人类社会发展的历史表明，对一个民族、一个国家来说，最持久、最深层的力量是全社会共同认可的核心价值观。""如果没有共同的核心价值观，一个民族、一个国家就会魂无定所、行无依归。""国无德不兴，人无德不立。核心价值观，其实就是一种德，既是个人的德，也是一种大德，就是国家的德、社会的德。""一个国家的文化软实力，从根本上说，取决于其核心价值观的生命力、凝聚力、感召力。""培育和弘扬核心价值观，有效整合社会意识，是社会系统得以正常运转、社会秩序得以有效维护的重要途径，也是国家治理体系和治理能力的重要方面。"

一、辩证地理解法律和道德之间的关系

关于法律和道德的辩证关系，古今中外都是一个永恒的哲学命题。在中外历史上，一直都存在法律和道德的矛盾和冲突。自西周以来，中国秉承的治理之道是"法安天下，德润人心"。儒家曾提出"德主刑辅""出礼入刑""以德去刑"等主张。在中国古代话语体系中，如微言大义，忠、义、礼、智、信、孝、仁、勇等备受推崇，表明道德一直被高扬，法律一直被抑制。但这是儒学家所期待的理性状态，就像孟子的"君贵民轻"思想一样难以兑现，实际情况却是"明儒暗法"。西方自然法学派和分析实证主义法学派在"恶法非法"和"恶法亦法"等问题上存在根本性分歧。理解法律和道德的辩证统一关系也是理解社会主义核心价值观融入法治社会建设的底层逻辑。

（一）道德的基本层次

法律与道德之间究竟是什么关系？道德水平孰高孰低是以法律为参照和标准的。道德有三个基本层次。最高的层次是利他主义和无私无我，这是圣人的道德。最低的层次是犯罪，不顾他人的权利和无视法律。中间的层次则是"合理的利己主义"：个人的行为既不是圣人，也不是犯罪，而是在履行社会责任和遵守法律的范围之内，合理地谋求自己的利益。最高道德实现的社会是"各尽所能，各取所需"，与现实中的人性不相符。[①] 按

---

① ［美］塞缪尔·亨廷顿、劳伦斯·哈里森主编：《文化的重要作用：价值观如何影响人类进步》，新华出版社2010年版，第91页。

照统计学的正态分布，最高层次和最低层次的人都是极少数，绝大多数人是中间层次，是“主观为自己，客观为他人”的合理利己主义者。

在向现代化转型时期，我国社会自由度和包容度增大、民众的权利意识增强、社会价值多元化容易出现社会失范，产生道德泛化或道德虚无主义等思潮。道德泛化是以一种道德体系要求和规范所有的人，把道德关系凌驾于一切关系之上，无视道德水平的多层次性，且对任何事情都是道德评价先行，类似出现“饿死事小，失节事大”等评判。另外，还应当避免“道德虚无主义”。道德虚无主义是否定一切社会道德价值的理论和态度。道德虚无主义往往出现在社会变革和动荡时期，是在否定传统道德时出现的一种极端趋向。从某种意义上来讲，它对否定旧道德可能起到一定的积极作用，但它否定人类一切道德价值则是极端的。比如：反对根深蒂固的封建保守男尊女卑思想，取而代之的是男女平等的女性主义。

（二）法律本质上是成文的道德

法律是成文的道德，道德是内心的法律，法律和道德都具有规范社会行为、维护社会秩序的作用。法律的深层逻辑和人类的道德直觉——公平或正义是相通的，法律规范内含着道德、情理元素，道德元素内化于法律规范之中。正所谓，人类的良知是法律的最高准则，法律本质上是藏在人内心的无形的东西，每个人内心都有一杆衡量公平正义的秤。道德本质上意味着义务，美国法学家富勒在《法律的道德性》中曾把道德区分为“愿望的道德”和“义务的道德”，其中，“义务的道德”是社会生活本身要求人们必须履行的义务，“义务的道德”是禁止性的，“愿望的道德”是肯定性的。

法律是最基本、最起码的行为规范，是人们的行为红线和秩序底线，从这个角度而言，遵守法律也是在遵守道德底线。法律是道德的底线，也是社会治理的基本方式。在社会治理中，法律和道德是相互补充和相互促进的，既不能忽视道德教化的作用，也不能忽视法律的刚性作用。社会中有些人在处理问题时自觉或不自觉地采取双重标准，对自己讲法律，对他人讲道德，对自己要求的标准低，对他人要求的标准高。莫言曾说过：“每个人都是一个媒体终端，发出我们对社会的看法。但是很多时候，我们只是在批评别人，还很少触及自我。”法律是底线的道德，也是道德的保障。如果连法律都不遵守，还奢谈什么道德？法律是人们行为的高压线和红线。应当坚持依法治国与以德治国相结合，形成良法善治、秩序井然、文明有序的法治氛围。

（三）法律和道德的分工和功能不同

法律只调整人的行为，不规制人的思想。而道德不仅约束人的行为，还调节人的内心活动和思想。法治是要求不得有侵害他人的行为，道德是要求一个人不仅不能侵害他人，还要多做有益于他人的事情。积德行善的人可以获得外界的表扬、荣誉感、良心的安宁感。法律是靠国家强制力来约束的，道德是通过舆论评价和内心自律来约束人的，道德更多的是一种自我的“软约束”。因此，道德被称为是内心的法律。当然，道德敬畏感强的人，守法意识也比较强，对道德充满不屑感的人，倾向反社会人格，守法意识也比较弱。

（四）坚持法律至上原则

在所有的社会规范中，应坚持法律至上原则，相比较传统社会风俗、习惯、道德、社区自治等规定，法律是优先适用的。现代社会法律的核心功能是通过白纸黑字的规则来明确权利和义务。法律给人们的行为划出了清晰的边界，法律红线或底线不得随意逾越。如果没有法律，权利和义务不明确，社会很容易退化到弱肉强食的“丛林时代”。法律的重要功能是惩恶扬善和维持公平正义的秩序。所以，搞“法治”不是“一团和气”，法官裁判也不能“和稀泥”。套用经济学的假设，把每个人想象为“理性经济人”，如果遵循法律规定，可以增加或减少其行为成本。如果违法成本太高，人们就不敢去做。如果违法没有什么成本，甚至因为违法投机还获利，守法无利可图，就出现了“劣币驱逐良币”怪现象。整个社会如果实行逆淘汰机制，民众就逐渐没有了守法的动力。

规则与道德并不完全对立，甚至无法构成二元关系，而是交错和互补关系。规则的发明，源于道德；规则的推行，有赖于道德；遵守规则，常被视为一种德行。

应该正确对待法律的功能和作用，避免“法律万能主义”或“法律虚无主义”。法律既不是万能的，也不是完全无用的，要反对“法律万能主义”和“法律虚无主义”。“法律万能主义”认为，人类社会的所有问题都可以通过法律规范来解决。一旦某个领域出了问题，人们希望通过立法来解决，而如果有了法律还存在混乱，那就是法律执行存在问题。人们必须承认，法律本身是有局限性的，包括客观上的局限和主观上的局限。客观上的局限源于法条，是有限的，生活是无限的，法律作为上层建筑受到经济基础的制约；主观上的局限源于立法、司法，执法者对法的理解和执行很难严格遵循法的本意。与之相反，“法律虚无主义”轻视法律和规则，认为法律与现实合理性之间是脱节的，即使没有法律，社会也能正常运转。

（五）避免“道德法律化”倾向

道德法律化是指将人类的道德理想、原则、规范铸造成法律的过程。实际上，现实生活中法律和道德的边界有时非常模糊。立法者要把什么样的道德问题上升为法律问题，是需要考验政治智慧和法律经验的，也要承受来自民众的社会压力。不需要把所有的道德问题都上升到法律层面。比如，婚姻家庭生活领域，公权力不应过度干预私人空间。再比如，我国1979年刑法和1997年刑法都没有规定“通奸罪”，我国台湾地区“刑法”规定了“通奸罪”，一直到2020年5月才废除，2015年韩国宣布废除通奸罪。道德并不会是静止的死水，会随着社会的变迁而趋向更加保守或更加开放。随着时间的推移和社会风气的开放，人们对行为道德性质的认识及宽容程度也逐步影响法律的规定。个别问题存在伦理道德争议，我国现阶段立法尚不能给予合法化的确认，如代孕、同性婚姻、安乐死等。在某种程度上，法律的发展史也折射出一个国家社会的发展史。

有些道德问题，不适宜将之立法化。在实践中，某些法律规定是倡导性的规范，不具有实操性。比如：按照老年人权益保障法的规定，子女应该常回家看看老人，这是一种法律义务，但怎么保障，能执行吗？如果子女在国外，几年也不回家，那是不是要制裁？如果非要实施这条规定，法律应该怎么制裁和强制执行？这条规定引发很多争议。

二、将社会主义核心价值观融入法治社会建设的政策依据

党的十八大以来，党中央高度重视社会主义核心价值观融入法治社会建设。2012年11月，党的十八大报告强调并指出，“社会主义核心价值体系是兴国之魂”，并首次用“富强、民主、文明、和谐，自

由、平等、公正、法治，爱国、敬业、诚信、友善”这12个词精辟地表述了社会主义核心价值观，把涉及国家、社会、公民的价值要求融贯为一体，把社会主义本质要求、中华优秀传统文化、世界文明有益成果有机结合起来，体现了社会主义核心价值体系的根本性质、基本特征和实践要求。

2017年10月，党的十九大报告进一步强调，“坚持社会主义核心价值体系”“培育和践行社会主义核心价值观”“把社会主义核心价值观融入社会发展各方面，转化为人们的情感认同和行为习惯”，建设社会主义价值体系，培育和践行社会主义核心价值观成为新时代坚持和发展中国特色社会主义的灵魂工程。

2022年10月，党的二十大报告第八部分“推进文化自信自强，铸就社会主义文化新辉煌”中强调，以社会主义核心价值观为引领，发展社会主义先进文化，弘扬革命文化，传承中华优秀传统文化，满足人民日益增长的精神文化需求，巩固全党全国各族人民团结奋斗的共同思想基础，不断提升国家文化软实力和中华文化影响力。广泛践行社会主义核心价值观。社会主义核心价值观是凝聚人心、汇聚民力的强大力量。坚持依法治国和以德治国相结合，把社会主义核心价值观融入法治建设、融入社会发展、融入日常生活。弘扬诚信文化，健全诚信建设长效机制。

站在新的历史方位思考，社会主义核心价值观怎么落地生根？怎么倡导和融入文化建设和社会建设？这既是一个理论问题，又是一个实践问题。将践行社会主义核心价值观融入社会生活，从“高大上”的宣传性口号转化为看得见的实际行动，中央先后出台了多项政策和文件作为指导性依据。

（一）出台《关于培育和践行社会主义核心价值观的意见》

2013年12月，中共中央办公厅印发了《关于培育和践行社会主义核心价值观的意见》，明确社会主义核心价值观的基本内容包括：国家层面的富强、民主、文明、和谐；社会层面的自由、平等、公正、法治；个人层面的爱国、敬业、诚信、友善。这12个词组构成了社会主义核心价值体系。该意见强调：“法律法规是推广社会主流价值的重要保证。要把社会主义核心价值观贯彻到依法治国、依法执政、依法行政实践中，落实到立法、执法、司法、普法和依法治理各个方面，用法律的权威来增强人们培育和践行社会主义核心价值观的自觉性。”“充分发挥法律的规范、引导、保障、促进作用，形成有利于培育和践行社会主义核心价值观的良好法治环境。”

（二）出台《关于进一步把社会主义核心价值观融入法治建设的指导意见》

2016 年 12 月，中共中央办公厅、国务院办公厅印发了《关于进一步把社会主义核心价值观融入法治建设的指导意见》，标志着社会主义核心价值观已经从政策倡导层面进入入法入规的实际操作领域。该意见进一步强调：“把社会主义核心价值观融入法治国家、法治政府、法治社会建设全过程，融入科学立法、严格执法、公正司法、全民守法各环节，把社会主义核心价值观的要求体现到宪法、法律、行政法规、部门规章和公共政策中，以法治体现道德理念、强化法律对道德建设的促进作用，推动社会主义核心价值观更加深入人心。”该意见还强调：“各地区各部门积极运用法治思维和法治方式，推动以富强、民主、文明、和谐，自由、平等、公正、法治，爱国、敬业、诚信、友善为主要内容的社会主义核心价值观建设。”该意见明确提出了“把社会主义核心价值观融入法治建设”的命题，意味着“社会主义核心价值观怎么融入法治建设”从理论层面的研究转入实践层面的研究。

（三）出台《社会主义核心价值观融入法治建设立法修法规划》

2018 年 5 月，中共中央印发了《社会主义核心价值观融入法治建设立法修法规划》，强调要坚持全面依法治国，坚持社会主义核心价值体系，着力把社会主义核心价值观融入法律法规的立改废释全过程，力争经过 5 到 10 年时间，推动社会主义核心价值观全面融入中国特色社会主义法律体系。从方法论的角度，明确了社会主义核心价值观融入法治社会建设的方法路径。这个规划明确提出了以下六项主要任务。一是以保护产权、维护契约、统一市场、平等交换、公平竞争等为基本导向，完善社会主义市场经济法律制度；二是坚持和巩固人民主体地位，推进社会主义民主政治法治化；三是发挥先进文化育人化人作用，建立健全文化法律制度；四是着眼人民最关心最直接最现实的利益问题，加快完善民生法律制度；五是促进人与自然和谐发展，建立严格严密的生态文明法律制度；六是加强道德领域突出问题专项立法，把一些基本道德要求及时上升为法律规范。

（四）出台《关于加强社会主义法治文化建设的意见》

2021 年 4 月，中共中央办公厅、国务院办公厅印发了《关于加强社会主义法治文化建设的意见》，在“总体要求”部分强调，坚持“法安天下、德润人心”，把社会主义核心价值观融入社会主义法治文化建设全过程、各方面，实现法治和德治相辅相成、相得益彰。在第七部分“在法治实践中持续提升公民法治素养”强调，把社会主义核心价值观融入法律法规的立改废释全过程，使法律法规、司法解释等更好体现国家价值目标、社会价值取向和公民价值准则，以良法保障善治。这个意见强调，社会主义法治文化是中国特色社会主义文化的重要组成部分，是社会主义法治国家建设的重要支撑。

（五）出台《关于建立社会主义核心价值观入法入规协调机制的意见（试行）》

2021 年 9 月，中央宣传部、中央政法委、全国人大常委会办公厅、司法部印发《关于建立社会主义核心价值观入法入规协调机制的意见（试行）》。该意见对于维护中国特色社会主义法律体系价值导向和内在逻辑的统一，推动社会主义核心价值观成为全体人民的共同价值追求具有重要意义。该意见对社会主义核心价值观入法入规协调机制作了具体规定，明确成立社会主义核心价值观入法入规协调机构，负责统筹协调社会主义核心价值观入法入规审查工作，研究解决审查工作中的重大问题；明确社会主义核心价值观入法入规审查范围，主要是每年全国人大常委会、国务院立法工作计划中的相关立法项目以及有关司法解释。

以上文件明确了社会主义核心价值观融入法治建设的指导思想、重点任务、基本要求，推动社会主义核心价值观从抽象概括变为具体生动，从意识形态层面变为“看得见”的立法司法等法治社会实践。

三、新时代把社会主义核心价值观融入法治社会建设的重大意义

在法治社会建设的过程中，通过“法安天下、德润人心”，从制度和规则的源头追求“良法善治”，逐步消除各种不平等、不公正、不公平的社会现象，取而代之的是更加平等、公平和公正的社会制度。

（一）社会主义核心价值观融入法治社会建设是坚持法治和德治相结合的内在要求

法律和道德都具有规范社会行为、调节社会关系、维护社会秩序的作用，在国家和社会治理中各有其地位和功能。社会主义核心价值观是人们必须遵循的道德底线，违反法律往往是从违反道德防线开始的。作为普通人，如果没有正确的三观，无论法制如何健全，总能钻法律的漏洞。如果是一个三观正确的人，即便在法制不健全的环境中，也能够做到自律慎独。关键是看人的素质，如果信仰法治，哪怕“常在河边走，就是不湿鞋”；如果不信仰法治，即使法律和制度再完善，再懂法也不守法，仍会有人以身试法，知法犯法，执法犯法。所以，既要重视发挥法律的规范作用，又要重视发挥道德的教化作用，实现法律和道德相辅相成、法治和德治相得益彰，推进社会治理体系和治理能力现代化。实践也表明，把法治和德治相结合、他律和自律相统一、软法与硬法相结合，才能为社会主义核心价值体系建设创造良好的法治环境，为社会治理创造良好的人文软环境。

（二）社会主义核心价值观融入法治社会建设是社会主义核心价值体系“接地气”的重要途径

社会主义核心价值观的建设需要法治支撑，社会主义核心价值观毕竟是柔性“软约束”，道德是内心的法律，但客观上也存在着对道德约束不屑感很强的社会群体，道德对于他们来说，几乎没有内在影响力，所以最终需要靠法治来规范和约束所有的社会成员。通过立法、执法、司法、普法、依法治理等机制将社会主义核心价值观转化为刚性的法律约束力和柔性的影响力，形成有利于培育和践行社会主义核心价值观的社会大环境，由墙上的“标语”变为自觉自愿的行动，特别是对解决人性层面、道德层面、价值观领域的突出问题有较强的作用。在社会结构深刻变动、群体利益多元化的变革转型时期，容易出现道德滑坡、诚信危机、公平和效率冲突，仅依靠公民道德素质建设难以解决社会难题，应当从社会层面来阐述自由、平等、公正、法治的重要性，以法治精神引导社会风尚，从而使社会主义核心价值观深入人心。

（三）法治社会建设与社会主义核心价值观具有内在统一性

习近平总书记指出，要把道德要求贯彻到法治建设中。以法治承载道德理念，道德才有可靠制度支撑。法律法规要树立鲜明道德导向，弘扬美德义行，立法、执法、司法都要体现社会主义道德要求，都要把社会主义核心价值观贯穿其中，使社会主义法治成为良法善治。①

社会主义核心价值观要内化于心，外化于行，需要法治的力量来推动和保障。习近平总书记强调，“要用法律来推动核心价值观建设”“要把社会主义核心价值观贯彻到依法治国、依法执政、依法行政实践中，落实到立法、执法、司法、普法和依法治理各个方面，用法律的权威来增强人们培育和践行社会主义核心价值观的自觉性”。

从社会治理的角度来说，法治化本质是现代化的过程，具有一定的强制性和刚性。社会主义核心价值观的培育和践行则是一个长期的、润物细无声的柔性过程，和社会治理之间是正相关的。只有把法治社会建设与培育社会主义核心价值观结合起来，才能让社会主义核心价值观不再是倡导性口号，而是具有实际内容和具体要求。法治社会建设是法治建设的基础工程，将社会主义核心价值观融入法治社会建设的过程中，是法治中国理念实践的深化，使法治社会建设奠定在社会主义意识形态的逻辑基础上。文明法治社会的一个判断标准，是看绝大多数人能否践行社会主义核心价值观，是否从内心认同实质法治精神。

四、新时代把社会主义核心价值观融入法治社会建设的路径思考

“把社会主义核心价值观融入法治社会建设”这一命题带有明显的法律方法论属性。从方法论的角度解题，“融入”是找到符合法治思维和法治要求的融合和包含。立法过程本质上是法律所蕴含的道德理想形成的过程，而守法过程是法律的道德理想实现的过程。立法具有规范、引导、教育和保障等多项功能，是最为简单高效的融入方法，可以直接把社会主义核心价值观反映到法律规定中。但立法无法解决社会主义核心价值观融入法治建设的常态化问题。因此，通过司法、执法、普法等方法，将社会主义核心价值观融入法治社会建设也是重要和关键的环节。

新时代把社会主义核心价值观融入法治社会建设的路径分析，需要从“全方位贯穿、深层次融入”。新时代社会主义核心价值观融入法治

---

① 《习近平谈治国理政》（第2卷），外文出版社2017年版，第134页。

社会建设不仅是政策性问题，还具有实践论的意义。一是要将社会主义核心价值观的全部要素全面融入法治社会建设，即把国家价值目标、社会价值取向、公民价值准则全面系统地融入中国特色社会主义法治体系。二是要将社会主义核心价值观融入法治建设全过程各环节，即融入法治国家、法治政府、法治社会建设全过程，融入科学立法、严格执法、公正司法、全民守法各环节。三是要提高运用社会主义核心价值观发现、评估、解决法治社会建设中突出问题的能力，充分发挥社会主义核心价值观对法治社会建设的引领、评价和校正作用，具体措施如下。

（一）发挥立法主导和先行作用

社会主义核心价值，就是在尊重自由的基础上实现以平等为特征的公平正义。而立法环节，是社会公平正义的第一次分配。实践中，法律问题和道德问题是互相交融的，相比较司法机关，立法机关更有优势来引导社会道德层面的问题。2018 年通过的宪法修正案把“国家倡导社会主义核心价值观”写入宪法总纲，以“根本法”的法律权威弘扬社会主义核心价值观，也为落实党中央决策部署、促进社会主义核心价值观全面融入法治社会建设提供了宪法依据和制度保障。逐步完善弘扬社会主义核心价值观的法律政策体系，加强见义勇为、尊崇英烈、尊老敬老等方面立法。新制定的英雄烈士保护法、国歌法、民法典、公共文化服务保障法、电影产业促进法、网络安全法、慈善法、国家安全法和新修改的公务员法、广告法、公共图书馆法、教育法等也把“社会主义核心价值观”这一命题写入法律文本。第十三届全国人民代表大会常务委员会曾通过《全国人民代表大会常务委员会关于在中华人民共和国成立七十周年之际对部分服刑罪犯予以特赦的决定》也生动体现了民主、文明、和谐、法治、友善等社会主义核心价值观。

近年来，各地积极发挥立法主导和先行作用，进行把社会主义核心价值观融入地方性法规的实践创新和探索。例如，自 2015 年起，天津、昆明、贵阳、银川、青岛、无锡等城市先后制定了《文明行为促进条例》，倡导文明行为，治理不文明行为，提升社会文明程度。这些条例通常都在第 1 条把“为了培养和践行社会主义核心价值观”作为立法宗旨和目的。北京市人民代表大会制定了《北京市全民健身条例》《北京市居家养老服务条例》《北京市控制吸烟条例》，以法治的方式推动社会公民意识的养成。又如，2018 年 11 月，江苏省人大常委会通过《南京市国家公祭保障条例》。该条例对凝聚民族精神、激发爱国热情、弘扬社会主义核心价值观发挥了积极作用。

当然，社会主义核心价值观入法，既要引导、激励、约束，又不能超出高限、强人所难。立法在介入道德问题时须特别谨慎，只有当某些不道德行为已明显伤害或冒犯了他人的利益时，道德性立法才有必要。如果通过立法片面的强调公民践行某些道德要求，会有道德的法律强制之风险。在地方性法规修订完善的过程中，及时将社会主义核心价值观的相关内容融入其中，从而为社会主义核心价值观的培育和践行提供法律保障。如果简单地将法律视为提升道德的工具，会使社会生活泛道德化，甚至混淆法律与道德的界限、法律与党纪的区别。

社会主义核心价值观是一个具有弹性标准的价值导向和价值原则，在融入法律的时候，要对社会文明程度和平均道德水平进行深入调研、科学研判，做到与当下的社会文明程度相匹配，与大多数人的道德水平相适应。否则，强行规定高于绝大多数人的道德认知和文明程度的义务性规范，强制人们去遵守，将会导致要么难以有效实施，法律失去其尊严和权威；要么以高昂的执法成本去强制实施，浪费大量的人财物力。法律是面向全民的行为准则，不可能推定假设“人皆可以为尧舜”，应当把体现价值导向与设定道德底线结合起来考虑，处理好法律的引领性与规范性的关系。

（二）加强“诚信政府”建设

要把社会主义核心价值观的要求体现在公共政策中，形成有利于培育和弘扬社会主义核心价值观的良好政策导向和利益引导机制，提高违法成本，降低守法成本，实现公共政策和道德建设的良性互动。政府带头守法，老百姓才会守法。诚信原则乃民法典中的“帝王原则”。诚实信用作为一种道德规范，在我国自古就不仅是对“民众”的要求，同样是对“国家公职人员”的要求。改变公职人员的观念，督促树立为人民服务的理念，提高执法的公正性和公平性，执法过程中具有讲法说理的柔性，让行政当事人心悦诚服，让执法不再简单粗暴，使执法成为法治宣传。对于诚信政府也提出了要求，非因法定事由并经法定程序，行政机关不得撤销、变更已经生效的行政决定。在优化营商环境的大背景下，新官也要理旧账，在政府采购、政府和社会资本合作、招投标、招商引资、借款融资等领域，对于依法作出的政策承诺和签订的各类合同要认真履行和兑现，不得以行政区划调整、政府换届、机构或者职能调整以及行政领导更替为由单方面毁约，如果造成相对人损失，要建立必要的赔偿或者补偿机制。对于公务员群体应有更高的诚信要求，建立公务员诚信档案，将公务员诚信记录作为干部考核、任用和奖惩的重要依据。

（三）司法公正引领社会道德风尚

司法是社会公平正义的最后一道防线，对违法者纵容，就是对守法者的不公平。在现实社会中，严格执法和公正司法是最好的普法教育。比如，对见义勇为等利他性行为的风险分担问题，“彭宇案”作为典型案例曾被媒体和百姓热议。

【典型案例】

南京彭宇案

2006 年，彭宇乘坐公共汽车时，看见前面有位老人摔倒，就把老人扶起来，送到医院去救治。后来老人徐寿兰的家属去法院起诉，要求彭宇支付医疗费。一审法院南京鼓楼区法院认为，本案主要存在两个争议焦点：(1) 彭宇与老人是否相撞；(2) 应赔偿的损失数额问题。笔录原件客观上无法提供，但是有接警警官确认笔录照片，结合彭宇自认与人相撞的陈述，法院认为本次事故双方均无过错。按照公平的原则，当事人对受害人的损失应当给予适当补偿。因此，判决彭宇给付受害人损失的 40%，共 45876.6 元。双方皆不服，上诉。

二审法院南京市中院即将开庭之际，彭宇与徐寿兰达成庭前和解协议，并签保密协议。其主要内容是：彭宇一次性补偿徐寿兰 1 万元；双方均不得在媒体（电视、电台、报纸、刊物、网络等）上就本案披露相关信息和发表相关言论；双方撤诉后不再执行鼓楼区法院的一审民事判决。因为二审调解结案，没有公开调解书的内容，以至于民众都以为，好心扶起来老人，却反而要承担责任。

有时见义勇为的成本太高，好事没做好，还容易给自己招惹麻烦，“英雄流血又流泪”。因为这个案例，“不敢扶”成为一段时间内民众广泛关注的社会现象。

【典型案例】①

女子见义勇为致老人死亡事件

2019 年 9 月 23 日，河南信阳发生一起因见义勇为而导致老人死亡的事件。当天，一位骑车老人撞伤一个孩子后，想要逃离现场，好心的孙女士上前阻止，却不想被老人破口大骂，尽管孙女士并无过激举动，可老人却出现了心脏骤停，孙女士紧急拨打了 120，但老人最终还是猝死了。

老人猝死之后，孙女士的噩梦也由此开始，本来是想见义勇为，结果却闹出了人命，死者的家属不仅对孙女士动粗，还将其告上法庭索赔40 余万元，这让孙女士的情绪几近崩溃。

2019 年 12 月 30 日上午，河南省信阳市平桥区人民法院驳回了原告方的诉讼请求，可能因为长时间的压抑，听到判决结果之后，见义勇为的孙女士开始痛哭。12 月 30 日晚，《人民日报》以“阻拦肇事老人无责　不因人死‘和稀泥’合乎法治本义”为题对此进行了报道，见义勇为者对见义勇为所造成的后果无过错时即无须担责，“死者为大”也不等于就站在有理的一边，就该受到法律天平的倾斜性保护。说到底，见义勇为作为人们的道德义务和天然权利，必须被善待。

我国各级法院强调，在司法裁判中弘扬和倡导社会主义核心价值观，由法官将 24 个字的道德语词转化为法律话语。比如：民法典已将“弘扬社会主义核心价值观”写入立法目的，推动了道德的法律化，提供了通过司法裁判建设诚信社会、和谐社会的契机。

民法典总则编里，确定了七大民事原则。从形式逻辑上看，核心价值只能有一个，但 24 个字包含 12 种价值，形成了一套价值谱系，这意味着诸多价值之间可能存在冲突和分歧。法官在司法裁判时需要作出判断，是优先适用意思自治原则还是公序良俗原则，如 2001 年发生的“四川泸州‘二奶’告‘大奶’遗赠案”被称为“中国公序良俗第一案”，是每一届

---

① 《女子见义勇为致老人死亡被告上法庭，法院宣判后，人民日报发声了》，载搜狐网 2020 年 1 月 1 日，https：//www. sohu. com/a/364042587_ 120412158。

法学生学习《法与道德》篇章时老师的必讲案例，也是中国近年来社会争议比较大的案件之一。虽然已经二审终审，尘埃落定，但是判决结果依然不被理论学界所接受。诚实信用原则是民法的“帝王原则”，保护善意之人是民法总则的重要制度，而“诚信、友善”是核心价值观的基本内容之一。

（四）将社会诚信建设纳入法治化轨道

近年来，社会碰瓷事件、医闹事件、非接触型电信网络诈骗案件频发、高发，导致陌生人之间缺乏信任感，出现社会信任问题，以至于民众相互之间的矛盾和利益很难诉诸信赖的组织协调解决。其根本原因是缺乏清晰的信用法律底线，对于失信行为没有进行严厉的法律制裁和惩戒。社会信用体系建设是为了给民众创造一个良好的社会信用环境，促使建立诚实互信的人际关系，使社会有良好的信用秩序与环境，生活的有安全感和幸福感。

我国自2000年开始推进社会信用体系建设。国务院出台了《征信业管理条例》《社会信用体系建设规划纲要（2014—2020年）》《国务院关于建立完善守信联合激励和失信联合惩戒制度加快推进社会诚信建设的指导意见》《国务院办公厅关于进一步完善失信约束制度构建诚信建设长效机制的指导意见》等文件。我国的社会信用体系围绕政务诚信、商务诚信、社会诚信和司法公信四个重点领域推进。2020年11月25日，时任总理李克强在国务院常务会议上明确指出，“市场经济首先是信用经济，信用经济必须是法治经济。要通过推进社会信用体系建设，加强诚信建设、营造公平诚信的市场环境和社会环境”。

目前，我国社会信用体系建设已初见成效，产生了积极的连锁效应。最高人民法院建立了司法失信人联合惩戒黑名单，最高人民法院联合60多家单位建立失信被执行人信用监督、警示和惩戒机制，采取限制购买飞机票、购买列车软卧和高铁一等座以上车票等方式，让失信被执行人“一处失信，处处受限”，提高违法成本。多部委已联合签署了几十个信用备忘录，涉及公司上市、坐飞机、办贷款、招投标、政府采购等事项。中国人民银行于2006年建立征信中心，提供个人征信服务、企业征信服务和登记服务。由央行主导建设的央行征信系统，立足全国范围内个人和企业信贷信息全面共享应用，已成为世界上规模最大、覆盖人口最多、收集信贷信息种类最全的征信系统。截至2022年8月末，个人征信系统接入金融机构4081家，收录11.5亿自然人信息，日均提供查询1084.4万次。① 有部分省市，如上海市通过《上海市社会信用条例》等地方性法规，创造性地把信用体系建设法治化。

《法治社会建设实施纲要（2020—2025年）》指出，社会建设应推进社会诚信建设。加快推进社会信用体系建设，提高全社会诚信意识和信用水平。完善企业社会责任法律制度，增强企业社会责任意识，促进企业诚实守信、合法经营。健全公民和组织守法信用记录，建立以居民身份证号码和组织机构代码为基础的统一社会信用代码制度。完善诚信建设长效机制，健全覆盖全社会的征信体系，建立完善失信惩戒制度。结合实际建立信用修复机制和异议制度，鼓励和引导失信主体主动纠正违法失信行为。加强行业协会商会诚信建设，完善诚信管理和诚信自律机制。完善全国信用信息共享平台和国家企业信用信息公示系统，进一步强化和规范信用信息归集共享。加强诚信理念宣传教育，组织诚信主题实践活动，为社会信用体系建设创造良好环境。推动出台信用方面的法律。2022年3月25日，《中共中央　国务院关于加快建设全国统一大市场的意见》提出了健全统一的社会信用制度。编制出台全国公共信用信息基础目录，完善信用信息标准，建立公共信用信息同金融信息共享整合机制，形成覆盖全部信用主体、所有信用信息类别、全国所有区域的信用信息网络。建立健全以信用为基础的新型监管机制，全面推广信用承诺制度，建立企业信用状况综合评价体系，以信用风险为导向优化配置监管资源，依法依规编制出台全国失信惩戒措施基础清单。健全守信激励和失信惩戒机制，将失信惩戒和惩治腐败相结合。完善信用修复机制。加快推进社会信用立法，为社会信用建设提供顶层法律设计。

---

① 《征信系统居世界前列！央行最新发文：为每一个经济主体建立“信用档案”》，载《证券时报》官方百家号2022年10月11日，https：//baijiahao.baidu.com/s?id=1746317893088494129&wfr=spider&for=pc。

第四章　培养公民的法治思维

法治思维是指人们运用法律规范、法律原则、法律精神和法律逻辑对所遇到的问题进行分析、判断、推理和决策的思想认识活动和过程。法治思维是在法治意识、法治观念基础之上的深化，它蕴含一定的价值判断，侧重强调思维方式。培育公民的法治思维，运用法治方式化解社会矛盾和纠纷，在法治社会建设过程中属于形而上层面的问题。法治思维的内涵和外延非常广泛，因篇幅所限，主要围绕以下六个方面的内容展开。

一、合法性思维

合法性思维即宪法、法律至上思维，就是想问题、办事情要以是否合法为前提。合法性思维包括两个基本要求：第一，当法律条文有明确规定的情况下，依照法律条文的规定，这相对比较简单；第二，在法律条文没有明确规定的情况下，要符合相关的法律原则、立法目的及其背后的法治精神，这相对比较复杂。

法律至上就是法律具有最高的地位和权威，一切个人、组织（团体、政党）均须受法律支配。这里的“法律”包括宪法和法律，法律至上首先是宪法至上。党的十九大报告指出，树立宪法法律至上、法律面前人人平等的法治理念。各级党组织和全体党员要带头尊法学法守法用法，任何组织和个人都不得有超越宪法法律的特权，绝不允许以言代法、以权压法、逐利违法、徇私枉法。党的二十大报告指出，建设覆盖城乡的现代公共法律服务体系，深入开展法治宣传教育，增强全民法治观念。法律面前人人平等，所有主体的行为、事务都必须遵守、适用已知的法律原则、法律规范。这意味着把全部的社会生活都纳入一个制度化、规范化、法律化的框架之中。托马斯·潘恩有个很好的比喻：“在专制政府中国王便是法律，同样地，在自由国家中法律便应该成为国王。”在自由国家里，民众像敬畏国王一样敬畏法律，不随便违法。伯尔曼曾经说：“法律必须被信仰，否则它将形同虚设。”法律至上的关键在于培养全社会对于法律的信仰。

具体地说，法律至上包括外部至上和内部至上。所谓内部至上，是指法律体系内部是统一的，有自己的等级，下位法服从上位法，像金字塔一样，所有的法律最终都服从于宪法。所以，法律至上首先是宪法至上。党的十九大报告首次提出“合宪性审查”。党的二十大报告提出“完善和加强备案审查制度”。从1982年宪法制定时起，法学界就呼吁实行“合宪性审查”，到2017年终于变为现实。“合宪性审查”就是对宪法以下的法律文件是否符合宪法精神进行审查。宪法在金字塔塔尖上，所有的法律都是根据宪法制定的，宪法是母法，下位法要符合上位法。宪法是国家的根本法，是治国理政的总章程，其他法律法规不能和宪法精神相冲突。“合宪性审查”就是要让宪法长出“牙齿”，而不只是具有宣誓层面的效力。比较典型的事例是逐步废除了一些违背宪法原则和精神的制度，如废止劳动教育。早在2007年12月4日，江平、茅于轼、胡星斗等69名学者联名向全国人大常委会和国务院递交针对劳教制度的“违宪审查建议书”。党的十八届三中全会正式提出废止劳动教养。2013年12月，全国人大常委会通过了决定，废除实行了56年的劳教制度。又如，2019年12月，废止收容教育制度，全国人大常委会通过了《关于废止有关收容教育法律规定和制度的决定》，废止了实施20多年的针对卖淫嫖娼人员的收容教育制度。另外，现实生活中，男女退休不同年龄问题依然存在，这和宪法规定的男女平等原则和精神相背离。

合法性审查是对法律以下的行政法规、地方性法规等规范性文件是否符合上位法进行审查。若一份法律跟宪法的精神相悖，那该怎么办呢？比如，有的地方性法规将具有本地户籍规定为在本地从事出租汽车司机职业的准入条件，有全国人大代表对此提出审查建议。全国人大常委会法工委审查认为，以本地户籍作为在本地从事出租汽车司机职业准入条件的规定，不符合党中央关于“引导劳动力要素合理畅通有序流动”“营造公平就业环境，依法纠正身份、性别等就业歧视现象，保证城乡劳动者享有平等就业权利”的改革要求，已要求制定机关作出修改。

所谓外部至上，是指当法律与道德、社会习俗及政策等规范发生冲突时，法律规范为最高的效力，需要优先遵从。民法典第8条规定，民事主体从事民事活动，不得违反法律，不得违背公序良俗。公序良俗是公共秩序与善良风俗的简称，公共秩序简称公序，善良风俗简称良俗。学术上一般认为公共秩序是指社会一般利益，善良风俗是指社会一般道德，从理论上讲，法律和公序良俗的要求是一致的。但是，如果法律和部分地方社会习俗出现冲突该怎么办？比如，现在的落后地区，有表兄妹结婚的，亲上加亲的习俗依然存在，像清代法律就允许表兄妹结婚，如贾宝玉和薛宝钗结婚是合法的。我国民法典婚姻家庭编明确规定，近亲（三代以内的旁系血亲）不能结婚，这就是习俗和法律相冲突，近亲结婚就是违法的和禁止的，显然，这种近亲结婚的习俗不属于“公序良俗”，就应该被摒弃。

还有法律和道德的冲突，违反道德并不必然违反法律，相反，违反法律肯定违反道德。像 2008 年汶川大地震，中学老师范某在发生地震时正在上课，发生地震后，他的第一反应是自己先冲出去，没有选择留下来疏散学生。从法律的角度，他的行为并没有违法，更没有犯罪。只能说从道德的角度，他的做法不太妥当。

另外，法律和政策可能存在的冲突。2016 年的中央经济工作会议，对于房地产有个基本的定位是：房子是用来住的，不是用来炒的。但是房地产开发商的代言人为炒房者辩护了：买卖有理，炒房无罪。确实如此，炒房可能违反政策，但并不违法。所以，对于炒房者，政府和法院不能按照法律来解决，只能以宏观政策来调控，让炒房人无利可图，自然就会不炒房了。

二、权利思维

权利是权力运作的出发点和归宿。2004 年宪法修正案规定，国家尊重和保障人权。从宪法的角度确认，尊重和保障人权是国家的义务，保障人权是国家权力存在和运行的目的。人权是固有的、与生俱来的、不可剥夺的，个人在行使人权时是无须理由的，国家权力在限制和剥夺个人权利和自由时，必须具有正当性。从权利思维里可以引申出“人权保障”的思想。什么是人权？是指“人，因其为人而应享有的权利”。其基本含义是：每个人都应该受到合乎人道的对待。人权的本质内容是自由和平等，价值目标是人的生存和发展。人类只有拥有自由权、平等权，才能使人摆脱一切压迫、剥削和歧视，获得有尊严的生存和全面发展。人权的基本内容：生命权、自由权、财产权、尊严权、获助权、公正权。人权保障是法治的根本目的和任务，也是衡量一个国家法治发展水平的重要标尺。

2016 年 4 月 28 日，《新京报》曾报道，湖南双峰县被媒体称为“假证之乡”“PS 诈骗之乡”，为了治理诈骗，政府曾采取以下举措：对涉嫌制贩假证者和短信诈骗者，银行部门不得为其开办理贷款业务；计生部门不得为其办理二胎准生证；国土部门不得为其办理建房批地手续；民政、社保、医保及农村合作医疗等部门不得为其办理社会福利保障；公安部门不得为其审批出境、参军手续；组织人事部门不得为其办理招工、录干；工商部门不得为其开办的企业进行审批发照，近乎对诈骗者的社会属性“一票否决”。这是和某地荣誉市民案例相反的案例，这些做法是侵犯人权，不符合法治精神的。

三、规则思维

“无规矩不成方圆”，这是规则性思维的体现。所谓规则思维是指尊重和遵守既定法律规则。心存敬畏，方能行有所止，法律既已制定，任何人和组织都不得以任何理由去违背法律规则，应严格遵照执行。我国民众很缺乏规则意识，规则意识是指发自内心的、自发的遵守规则的意识。规则意识有三个层次：一是指知道规则的内容，知道什么可为，什么不可为。例如，不偷不抢、诚信守约、童叟无欺、爱护环境等。二是有遵守规则的愿望和习惯。但很多人愿意遵守规则是因为害怕被制裁或受到他人的嘲笑和指责。三是遵守规则成为人的内在习性，无须外在强制。规则思维，是尊重既定法律规则的行为，体现了法律所固有的规则性，内在的逻辑力量，表现出稳定性、确定性的刚性色彩，所以说，如果整个社会的规则成熟，对事不对人，每个人的生活也相对轻松。

曾有不完全统计，2020 年我国交通罚款总额高达 3000 亿元，每车罚款近 1200 元。人人都知道规则，但是在规则面前很多人都选择了漠视规则，不遵守规则。法学家博登海默曾说：规范性制度的存在以及对该规范性制度的严格遵守，乃是在社会中推行法治所必须依凭的一个不可或缺的前提条件。[①] 法治社会要着力解决的是对规则的敬畏和信仰。

【典型案例】

北京八达岭野生动物园老虎咬人案

2016 年 7 月，在北京八达岭野生动物园内，自驾游的赵某母女二人在

① ［美］博登海默：《法理学：法律哲学与法律方法》，邓正来译，中国政法大学出版社 2004 年版，第 254 页。

老虎区擅自下车后，被老虎袭击，造成 1 死 1 伤。被咬伤的赵某辩解说她是因为晕车，才中途下车，想要自己走到前门去开车，结果被老虎拖走，她妈妈救女心切，下车去驱赶老虎，结果被老虎咬死了。延庆区政府进行了事故调查，结果认为此事不属于安全责任事故。2016 年 11 月 15 日，赵某与其父亲对北京八达岭野生动物园进行起诉，要求动物园赔偿包括周某的死亡赔偿金、丧葬费、精神损失费，以及自己的治疗费、精神损失费、误工费等合计 156 万元。2017 年 9 月 18 日，北京市延庆区人民法院正式开庭审理此案。此案审理时，根据《中华人民共和国侵权责任法》[①] 第 81 条规定："动物园的动物造成他人损害的，动物园应当承担侵权责任，但能够证明尽到管理职责的，不承担责任。"八达岭野生动物园相关负责人表示，出于人道主义关怀，他们将为赵某支付所有医药费，并提供 15 万元作为其母亲的死亡抚恤金。

当一个规则摆在眼前时，由于缺乏规则意识，有些人可能首先想到的是能不能钻空子，有没有规则漏洞，这属于典型的投机思维。投机思维本质在于缺乏对规则的尊重，以是否有利来决定是否遵守规则，即只有在"利益无涉"时才会遵守规则。如果能从破坏规则中获得利益则会毫不犹豫破坏规则，如果规则对自己不利则会千方百计回避规则。

关于规则的功能有一个非常形象的比喻："洪水"与"渠道"。有人把社会矛盾和冲突比作"洪水"，把法治和规则比作"渠道"。"洪水"流在"渠道"里，往哪个方向拐弯和水流的缓急是可以预测和控制的。规则的功能就是对社会矛盾进行控制和预测，不会造成失控的局面。如果没有"渠道"，到处筑坝和严防死守，就会泛滥成灾。解决社会矛盾的办法就是修"渠道"，即建立规则、程序，并且强化和保证规则的落实。

四、合理性思维

合理性思维是一种平衡性思维。权利与义务在法律关系中处于平衡关系。在具体法律关系中，一方主体有法律权利，另一方主体就必须承担相应的法律义务，反之亦然。在特定法律关系中，每一主体在享有权利的同时都对应承担一定义务。没有无义务的权利，也没有无权利的义务。全民

---

① 现已废止，相关规定已被民法典所取代。

守法，就是任何组织或者个人都必须在宪法和法律范围内活动，都要依照宪法和法律行使权利或权力、履行义务或职责。同时，权力以权利为基础，实施权力以实现法律权利为目的，法律权利制约着权力。平衡性思维，就是要实现权利与义务平衡、权利与权力平衡，并在此基础上实现法律利益平衡、公法与私法平衡、实体法与程序法平衡以及法律与道德平衡。法律与国家之间，运用法律约束国家权力；法律与人民之间，运用法律合理地分配利益；法律与社会之间，运用法律阻却国家公权力对公共利益和私人权益的恣意侵犯。

什么是合理性？简单地说，就是公平公正理性。合理性就是中等智力水平的人都能接受的结果。对于行政机关和司法机关来说，就是要合理地行使自由裁量权，不得滥用自由裁量权。

比如：2007 年发生的“许霆案”，许霆在银行取钱，发现他的账户上没有存钱，也能从 ATM 机上取钱，他就连续取了 100 多次，共取出了 17.5 万元。许霆替自己辩护说，机器出故障了，直往外吐钱，我先替银行保管一段时间。后来他被检察机关以盗窃金融机构起诉，盗窃金融机构属于法定加重情节，故许霆被广州中院判了无期徒刑。英国相似案例只构成非法侵占和不当得利，不构成盗窃。这个判决出来以后，舆论一片哗然，民众都觉得很不合理，后来广东高院撤销原判，发回广州中院重审，从无期徒刑改判为 5 年。有人认为民意左右了司法，在“许霆案”中不能说舆论绑架了司法，这是民情与司法的良性互动。“合理不合理”是心中有，笔下无，没有统一的标准。公平、公正、理性，每个人心里都有一杆秤。

五、程序思维

在法律上有一对范畴，叫作实体与程序，法律也被分为实体法与程序法，中国人往往比较重视实体法而轻视程序法，重视结果轻视过程。程序性思维要求民众在作出决策和决定时，不仅要考虑实体法，还要考虑符不符合程序法规定。什么是程序思维？法律程序属于行为程序，为了达到一定的法律目的，通过法律预先设定行为方式和行为步骤，再通过对这些步骤和方式的遵循，获得确定性法律后果。程序思维表现为，未经法律正当程序，对人身和财产等不得剥夺。法律程序的意义在于可以实现人的参与需求、理性选择和正义价值，还可以切实推进政治职能转变，提高法治政府水平。要完善重大行政决策程序制度，明确决策主体、事项范围、法定程序、法律责任，规范决策流程，强化决策法定程序的刚性约束。

坚持程序性思维。“迟来的正义不是正义”“正义不仅要实现，还要以看得见的方式实现”，而这个看得见的方式恰好就是程序。西方的正义女神是司法公正的象征，她一手持利剑，象征权力、权威，一手握天平，象征裁判与公正。女神的双眼却被一块布蒙住，主要是为了公正司法，要绝对排除感情等外在因素对司法女神的干扰。所以，女神被蒙住双眼，绝不是盲目裁判，而恰恰是为了实现真正的公平与正义，而程序正是实现正义的蒙眼布。

程序性思维提出的两个基本要求：一是限制公权力需要程序；二是程序必须正当。权力存在的唯一正当理由就是保障私权利，维护公共利益。为了更好地保障私权利，维护公共利益，就需要从程序上对权力加以限制，而且在法治状态下，法治不仅需要程序，还强调程序优先于实体，或者说程序正义优先于实体正义。正当程序包括以下八个方面，也即程序的正当性来源于程序的中立、理性、排他、可操作、平等参与、自治、及时终结和公开。程序思维就是要求权力的有序运行需要严密的程序加以约束，公正不仅要实现，还要以看得见的方式实现。

程序正当性源于最早的自然公正原则，有两条最基本的要求。第一，自己不能做自己案件的法官。为什么自己不能做自己案件的法官呢？主要是为了防止腐败，这件事情与自己有利益关系，就不能自己来决定。只有保持中立，才能保持公正。第二，要听取别人的意见，要给当事人陈述权和申辩权。法国的伏尔泰曾说过，“我不赞成你的观点，但我捍卫你说话的权利”。程序性在宪法法律中有所体现，如未经正当的法律程序，不得限制人身自由和征收财产。

比如，美国亨利·罗伯特的《罗伯特议事规则》首次出版于1876年，内容包括专门讲主持会议的主席的规则、会议秘书的规则、普通与会者的规则，针对不同意见的提出和表达的规则、辩论的规则、表决的规则等，核心围绕“怎么开好会”。就会议的议事规则、议事程序发布更新到了第十一版。罗伯特议事规则是在洞彻人性的基础上设计的对细节把握得精致完美的规则，目的是最大化地实现公平与效率。

在罗尔斯的《正义论》中，用“分粥效应”理论来形象地说明程序和制度。一锅粥，7个人吃，如何分配才能够做到绝对公平？哲学家罗尔斯把财富比作一锅粥，中国也有类似的比喻，就是分蛋糕，既要把蛋糕做大，也要把蛋糕分公平。

那如何分呢？罗尔斯罗列了五种分粥方法：

方法一：拟定一人负责分粥事宜。很快民众就发现这个人为自己分的粥最多，于是换了个人，结果总是主持分粥的人碗里的粥最多最好。结论是，权力导致腐败，绝对的权力导致绝对腐败。

方法二：民众轮流主持分粥，每人一天。虽然看起来平等了，但是每个人在一周中只有一天吃得饱且有剩余，其余 6 天都饥饿难耐。结论是，资源浪费。

方法三：民众选举一位德高望重的人分粥，最初还能基本公平，但不久他就开始为自己和溜须拍马的人多分。结论是人毕竟是人，不是神。

方法四：选举一个分粥委员会和一个监督委员会，形成监督和制约。公平基本做到了，可是由于监督委员会经常提出多种议案，分粥委员会又据理力争，等粥分完，早就凉了！结论是类似的情况政府机构比比皆是。

方法五：每人轮流值日分粥，但是分粥的人最后一个领粥。结果呢？每次 7 只碗里的粥都是一样多，就像科学仪器量过的一样。

“分粥效应”这个故事说明顺序和步骤的重要性，制度是可以设计的，在设计制度时，要把制度建立在对每一个人都不信任的基础上，可以设计出合理、有监管力度的制度。

殖民地时期，英国政府为了方便省事，便把运送这些犯人的工作“外包”给私人船只，由一些私人老板负责从英国往澳大利亚运送犯人的工作。刚开始，英国政府在船只离岸前，按上船的犯人人数支付船主运送费用，船长则负责途中犯人的日常生活，负责把犯人安全地运送到澳大利亚。船主为了牟取暴利，尽可能地多装人，致使船舱里拥挤不堪，空气浑浊。有些船主为了降低费用，追逐暴利，千方百计虐待犯人，甚至故意断水断食。后来，英国政府发现，犯人在船上的平均死亡率高达 12%，其中有一艘船运送 424 个犯人，中途死亡 158 个，死亡率高达 37%！后来，在依上船人数计算费用的同时，由政府派人监督。初期看来政府官员的监督好像有效，但是，事情很快就发生变化了。船长用金钱贿赂随行官员，并将不愿同流合污的官员扔到大海里。据说，有些船上的监督官员和医生竟然不明不白地死亡。面对险恶的环境，随行官员大多选择了同流合污。于是，监督开始失效。再之后，英国政府开始实行“依上岸人数计算费用”的方式，按照犯人到达澳大利亚的人数和体质，支付船长的运送费用，犯人的死亡率自此也降到了1%以下。在这个案例中，我们看到了三种制度安排：第一种制度安排，采用预付款的方式。其结果是：船长唯利是图，草菅人命——由普通商人变成了坏人。第二种制度安排，采用行政监督的形式。其结果是：官员被收买，官商勾结，合谋图财害命——普通官员变成了腐败官员。第三种制度安排，将船长的利益与“犯人安全到达”的政府利益相结合，利用利益联动机制，将“唯利是图，草菅人命”的船长，变成了一个好人——制度学意义上的好人。

通过以上两个事例说明，程序设计和制度设计是极其重要的。好的程序和制度，确实能保证实现实质公平。法治思维本质上是一种程序性思维。厉行法治，就是要更好发挥法治固根本、稳预期、利长远的制度保障作用。建立起一整套成熟的可预期行为后果的制度，是社会存在和延续的基础。制度的最大优势在于抑制人际交往中的机会主义行为，而且这种持续性的抑制还会逐渐凝结成共识，形成社会秩序并增进这种秩序。

六、诚信思维

顾名思义，诚是诚实，信是信用。“诚实”要求对他人坦诚相待，要恪守承诺，不欺骗他人，不胁迫他人，要在尊重他人利益和社会规范的前提下追求自己的利益。一个人一旦童叟无欺，诚实善良，那么别人就会给予他信赖，这是诚信的含义。诚信代表一个人的可靠程度和可信任程度。

诚信原则最初是一个道德伦理的要求，尤其是一种商业道德，它逐渐成了一种法律要求和法律标准。诚信原则在法律中的地位是逐渐提升的，现在被称为“帝王条款”。人人都生活在社会关系之中，要求个体具有一定的理智或理性，在尊重他人、信守承诺和履行责任的基础上才能获得自己应有的利益，如果以欺诈的手段或者以损害他人的利益来获取自己的利益最大化，必然会产生社会矛盾，提高了交易成本，合作难以获得“双赢”。

无论是私法还是公法的规定，都强调“诚信原则”。诚信原则衍生出信赖利益保护和合法预期原则。民法典第7条规定的“诚信原则”，民事主体从事民事活动，应当遵循诚信原则，秉持诚实，恪守承诺。行政法上有对于“诚信政府”的要求。《优化营商环境条例》第30条规定，国家加强社会信用体系建设，持续推进政务诚信、商务诚信、社会诚信和司法公信建设，提高全社会诚信意识和信用水平，维护信用信息安全，严格保护商业秘密和个人隐私。第31条规定，地方各级人民政府及其有关部门应当履行向市场主体依法作出的政策承诺以及依法订立的各类合同，不得以行政区划调整、政府换届、机构或者职能调整以及相关责任人更替等为由违约毁约。因国家利益、社会公共利益需要改变政策承诺、合同约定的，应当依照法定权限和程序进行，并依法对市场主体因此受到的损失予以补偿。

在刑法中，违反诚信以欺骗的方式获利，情节严重的构成诈骗罪。诈骗犯罪可谓是社会百态的一面镜子，随着社会结构、经济发展、文化以及人们生活方式、生活观念的变化，诈骗的手段和套路也“水涨船高”。一旦某种网络新技术出现，利用其实施的网络诈骗犯罪新模式也会随之产生。比如，打着网络贷款、网络刷单、网络购物、网络投资、网络交友等旗号的诈骗手法，充斥着各大网络平台，杀猪盘、刷单返利、婚恋交友等隐蔽性、迷惑性更强，一般人防不胜防。2020年经公安机关正式立案的电信诈骗犯罪，造成群众财产损失高达353亿元。一些困难群众的看病钱、养老钱、上学钱等被骗，导致生活雪上加霜，甚至还发生了被害人因为受骗而导致自杀乃至猝死的极端案件。另外，诈骗罪所造成的间接危害是让人容易丧失对陌生人的社会信任，严重影响和谐的社会关系。

第五章　立法对社会治理的规范和引领作用

法治是国家治理的一场深刻革命，法治所带来的影响不啻一场社会革命。法治求稳，改革求变，改革和法治之间存在着一定的紧张和冲突关系。法治本身的稳定性和改革的创新突破性是需要不断均衡的一对矛盾。所谓立法是最大限度地凝聚社会共识，并把它固定上升为法律规则。“立法者应该把自己看作一个自然科学家，他不是在制造法律，不是在发明法律，而仅仅是在表述法律，他把精神关系的内在规律表现在有意识的现行法律之中。”① 在改革为主旋律和主基调的时代，如果将法律规范制定得详细而且长期不修改，反而会阻碍改革的发展。在社会治理方面，用法治手段回应社会需求，制定一些相对原则、基本的法律规范是更为现实理性的立法选择。法治的发展不能超脱其所处的社会和时代，而是受制于社会的发展水平，因此，在立法环节需要给改革预留足够的回旋空间，在改革的过程中逐步完善法治。

第一节　民法典对于社会治理的规范和引领功能

从长远的历史时段来看，民法典编纂具有重要的法治意义。中华民族具有悠久的法律文明史，我国《唐律疏议》和《宋刑统》，曾对国内外、周边国家民族都产生了巨大的辐射影响。我国民法典作为一部定分止争、保障交易、提高效率、维护权益的基础性法律，系统整合了新中国70多年来长期实践形成的民事法律规范，汲取了中华民族5000多年的优秀法律文化，借鉴了人类法治文明建设的有益成果。我国于1954年、1962年、1979年、2001年4次启动制定和编纂民法典相关工作，但由于条件所限没有完成。2020年民法典的出台，是新时代我国社会主义法治建设的一个重大成果，在法制史上具有里程碑意义。民法典在我国现有法律体系当中条

① 陈林林：《法律的社会科学研究》，载《光明日报》2010年11月9日，第11版。

文数量最多（共有1260条），体量最大（整部法律有10.6万字）。民法典分7编，编下有章节，是章结构最复杂的一部法律。

一、民法典编纂出台的重大意义

民法典在中国特色社会主义法律体系中具有重要地位，是一部固根本、稳预期、利长远的基础性法律。民法典作为基础性法律，只在宪法之下，其他法律、行政法规等都不能和民法典的规定相矛盾、相冲突。在整个民商事立法中，民法典处于基础性、统帅性的地位。民法典被称为市场经济的基本法，是社会生活的百科全书，是人民权利的宣言书，是实现人民群众美好幸福生活的法律保障。新中国首部民法典的出台，标志着我国依法保护民事权利进入全新的“民法典时代”。

（一）有效提升社会治理体系和治理能力的现代化

社会治理体系和治理能力的现代化是国家治理体系和治理能力现代化的子系统，提升社会治理体系和治理能力现代化，主要是通过规则之治。民法典涵盖面广，堪称社会生活的百科全书，涉及个人、家庭、企业、组织等民事主体的方方面面。民法典在调整民事法律关系，解决民事纠纷方面，发挥着重要的规则指引作用。通过民法典对民事法律关系进行了系统的规范，为解决民事纠纷、化解民事矛盾、稳定行为预期、理顺权责关系，提供了一整套法律规范体系，为提升社会治理水平和治理能力提供了基本遵循。民法典奠定了市域社会治理现代化的制度基础，妥善协调常态与突发、自治与管制、职权与职责、市场与政府、城市与乡村、家庭与社会在市域社会治理中的角色地位等矛盾。

（二）为保护人身权和财产权提供法律保障

孟德斯鸠在《论法的精神》中说：“在民法慈母般的眼神中，每个人就是整个国家。”民法典全面保障私权，为规范公权提供了一定的标准和依据。保护私权和规范公权是一体两面，正如一枚硬币的正反面。民法法典化、体系化的价值主要表现为：适用法律时，方便民众守法和法官找法；立法者修改法律时方便透明；规则内部统一，避免规则的重复和冲突；方便法学研究和法律解释。进入新时代，人民群众对民主、法治、公平、正义、安全、环境的精神软需求日益延伸。法律不仅要满足物质刚需，还要保障自然人的人格尊严，尤其是充分保障人的人身权和人格权。

（三）回应了互联网高科技和大数据时代的要求

民法典适应高科技发展的时代需要，注重对个人信息安全的保护。高科技时代大数据对个人信息和个人隐私的威胁，使得每个人成为一个“透明人”“裸奔的人”。法律遇到的最大问题是如何强化对个人数据和个人隐私的保护。这也是为什么民法典人格权编独立成编的原因。对人体生物可识别信息的保护，如限制人脸识别的使用范围。对人体基因、人体胚胎的研究活动，法律上须设置必要的底线规则，即必须合法，不得危害人体健康，不得违背伦理道德，不得损害公共利益，为将来预留立法空间进行具体规定。

（四）有效地回应了市场经济发展的新情况和新问题

正如亚里士多德所说，“法律就是秩序，有好的法律才有好的秩序”。民法典有效地回应了市场经济的发展需要，强化了产权的保护，保障业主的合法权益，对担保制度修改完善。适应农村改革需要，民法典完善了土地承包经营权制度并与土地“三权分置”相衔接。民法典以交易效率和安全为价值导向，优化营商环境。政府和司法机关不能大包大揽，鼓励当事人自主解决纠纷，提高当事人的解纷能力和自治能力。在经济纠纷案件中，要以鼓励经济交易和维护交易安全为价值共识，但不能一味地鼓励交易，而是要兼顾交易安全。法治是最好的营商环境，平等保护产权，注重保护非公企业权益，特别是保护民营企业的财产安全和民营企业家的人身安全成为政策共识。

（五）有助于提高公权力机关的依法治理水平和能力

现代社会是个高风险社会，人们完全靠私人自治和私法自治难以救济自己的权利，难以自洽地满足对安全、公平、正义、环境等一系列的需求，所以客观上需要政府有新作为。现在政府不仅担负“守夜人”的职能，还承担了大量的服务职能等。为适应风险社会的客观需求，政府的治理手段越来越多样化。过去的行政机关主要是根据公法来进行社会治理，现在则更多采取私法的手段，出现了公法的私法化和私法的公法化趋势。

民法典颁布以后有巨大的溢出效应，对行政机关、司法机关也产生了影响。国家机关履行职责、行使职权必须清楚自身行为及活动的范围和界限。各级党和国家机关开展工作要考虑民法典规定，不能侵犯人民群众享有的合法民事权利，包括人身权利和财产权利。有关政府机关、监察机关、司法机关要依法履行职能、行使职权，保护民事权利不受侵犯、促进民事关系和谐有序。民法典划分了公权力和私权利的界限，公权力机关需要有权力的界限感。民法典就像竖起来的一道防火墙，保护公民的私权利不受国家、政府的干扰，这意味着国家对公民负有不侵害的义务，公民享有拿起法律武器保护自己的防御权。

二、我国民法典的鲜明特色

民法典是一部体现我国社会主义性质、符合人民利益和愿望、顺应时代发展要求的民法典，是一部体现对生命健康、财产安全、交易便利、生活幸福、人格尊严等各方面权利平等保护的民法典，是一部具有鲜明中国特色、实践特色、时代特色的民法典。

（一）中国本土化特色

民法典的通篇都体现了鲜明的中国特色。民法典是中国特色社会主义的民法典，不是照抄照搬外国模式的民法典，是社会主义性质的民法典，不是资本主义性质的民法典，如在总则第 1 条，把弘扬社会主义核心价值观作为重要的立法目的。这个立法精神渗透在民法典的方方面面，社会主义核心价值观的 24 个字体现在民法典的很多条文中，更集中表现在婚姻家庭编以及继承编中，在这两编里特别强调社会主义核心价值观，重视夫妻平等，互相忠实，互相尊重，互相关爱。婚姻家庭编跟西方观念不同，西方人认为婚姻关系是一个契约关系或合同关系，而我国民法典婚姻家庭编的规定特别重视夫妻之间的相互关爱、帮助、和睦、忠实等。比如，特别规定夫妻离婚时，如果一方经济上有困难，另一方要对其进行帮助。婚姻家庭编特别重视促进家庭和睦，弘扬家庭美德，特别是重视尊老爱幼等观念。

民法典婚姻家庭编主要是在原婚姻法基础上修改补充完善起来的，原来叫作婚姻法，现在把它称作婚姻家庭编，增加了家庭两个字。婚姻是家庭的基础，所以婚姻家庭编里，首先规定了夫妻关系，规定了父母子女的亲子关系，其实已经不限于夫妻关系，既包括一个核心小家庭，还包括一个大家庭，还有亲属关系。

在体系结构中设立有单独的人格权编。西方主要国家的民法典中，基本上都没有单独的人格权编。民法典顺应了人民群众对美好生活的新期待、新要求，设立有单独的人格权编，体现了我国民法典更侧重于对民事主体精神权利的保障。民法典对于民事主体，特别是自然人的人格权益的享有和保护作出了相对周全的法律规定。民法通则受计划经济时代影响，更关注平等主体之间的财产关系，解决吃饱穿暖问题，改善民生。而在民法典出台时，绝大多数人的温饱问题已经获得了有效解决，人们对于美好生活的向往转向了关注精神权益，尤其是对人身自由和人格尊严的保障。民法典的编纂贯彻了党的十九大和党的十九届二中全会关于保护人民人身权、财产权、人格权的精神，体现了宪法关于尊重和保护公民人身自由、人格尊严的要求。

（二）实践特色

民法典还有鲜明的实践特色。民法典是系统总结中国特色社会主义法治实践经验而来的，就是以法典化的方式全面总结新中国成立70多年，特别是改革开放40多年来民事立法和实践经验，以法典化的方式巩固、确认和发展民事法治建设的成果，是我国民事法律规范之集大成者。民法典有深厚的实践基础。这个实践基础包括立法基础，制定了很多民事单行立法，为后来的民法典编纂打下了基础，由总则编到分则编的立法体例，为编纂行政法典、环境法典、教育法典提供了成熟的经验和路径。还有多年的司法实践经验，学界方面的理论研究，整个社会对民事法律规范的认可和适用，都为民法典编纂奠定了深厚的实践基础。所以民法典具有鲜明的实践特色。

（三）时代特色

面对现代社会的高度复杂化以及由此形成的多元化、风险化、全球化和数字化等问题，民法典作为21世纪民法典的突出代表，有鲜明的时代特色。1804年法国的民法典是世界上第一部民法典，也是风车水磨时代的民法典的代表。1896年德国民法典是资本主义早期民法典的代表，那么中国的民法典应该是21世纪民法典的突出代表，为了贯彻新发展理念，增加绿色环保原则，我国民法典顺应时代的发展潮流，对绿色环保的要求作出明文规定，在总则编里规定绿色原则。另外，随着新技术发展给民事法律规范带来的挑战，人格权编对基因编辑技术，人工智能发展AI换脸、换身等问题，作出了积极回应，这些都体现了民法典非常鲜明的时代特色。

三、民法典体系结构和创新性规定

我国民法典对现行民事法律规范进行系统整合，创新了七编：总则编、物权编、合同编、人格权编、婚姻家庭编、继承编、侵权责任编。民法典正式实施后，婚姻法、继承法、民法通则、收养法、担保法、合同法、物权法、侵权责任法、民法总则同时废止。在“八五”普法中聚焦民法典总则编和各分编，需要把握好核心要义和重点问题，阐释好民法典关于民事活动平等、自愿、公平、诚信等基本原则，阐释好民法典关于坚持主体平等、保护财产权利、便利交易流转、维护人格尊严、促进家庭和谐、追究侵权责任等基本要求，阐释好民法典一系列新规定、新概念、新精神。本书选取和社会建设相关的条文进行重点解读。

（一）隐私权

民法典人格权编第六章“隐私权和个人信息保护”中，第1032条规定，自然人享有隐私权。任何组织或者个人不得以刺探、侵扰、泄露、公开等方式侵害他人的隐私权。隐私是自然人的私人生活安宁和不愿为他人知晓的私密空间、私密活动、私密信息。第1033条规定，除法律另有规定或者权利人明确同意外，任何组织或者个人不得实施下列行为：（1）以电话、短信、即时通讯工具、电子邮件、传单等方式侵扰他人的私人生活安宁；（2）进入、拍摄、窥视他人的住宅、宾馆房间等私密空间；（3）拍摄、窥视、窃听、公开他人的私密活动；（4）拍摄、窥视他人身体的私密部位；（5）处理他人的私密信息；（6）以其他方式侵害他人的隐私权。

隐私权是自然人所享有的人格权。包括以下内容：自然人的私人生活安宁和不愿为他人知晓的私密空间、私密活动、私密信息。隐私是自然人的私人生活安宁。比如，骚扰电话、短信、电子邮件等。不愿为他人知晓的私密空间，即隐私权保护的私密空间，包括具体的私密空间，也包括抽象的私密空间，具体的如住宅、宾馆房间等私密空间，抽象的如日记等思想的私密空间。各国为什么要立法保护个人隐私？因为如果没有隐私权，每个人都像生活在透明鱼缸里的鱼，缺乏安全感。相对于幸福感、获得感，人的安全感更为重要。并不是明星和公众人物才有隐私权。另外，隐私权还要排除公权力机关的侵害，如在警察调查案件时，要严格遵守相关法律规定和正当的法律程序，避免侵犯他人的隐私权。

（二）个人信息保护权

民法典第1034条规定，自然人的个人信息受法律保护。个人信息是以电子或者其他方式记录的能够单独或者与其他信息结合识别特定自然人的各种信息，包括自然人的姓名、出生日期、身份证件号码、生物识别信息、住址、电话号码、电子邮箱、健康信息、行踪信息等。个人信息中的私密信息，适用有关隐私权的规定；没有规定的，适用有关个人信息保护的规定。第1039条规定，国家机关、承担行政职能的法定机构及其工作人员对于履行职责过程中知悉的自然人的隐私和个人信息，应当予以保密，不得泄露或者向他人非法提供。这条和《中华人民共和国政府信息公开条例》有关条款相衔接。民法典第111条规定，自然人的个人信息受法律保护。任何组织或者个人需要获取他人个人信息的，应当依法取得并确保信息安全，不得非法收集、使用、加工、传输他人个人信息，不得非法买卖、提供或者公开他人个人信息。同民法典第1034条相衔接的法律条款有网络安全法第76条第5项。在民法典实施后，配套法律个人信息保护法于2021年8月20日通过，2021年11月1日正式实施。另外，刑法修正案（九）新增设罪名“帮信罪”，全称是帮助信息网络犯罪活动罪，即便是帮助犯，也单独构成犯罪。

因个人信息泄露引发的电信网络诈骗案件时有报道，数额和情节触目惊心。比如，2016年8月，中关村派出所110接到报警，海淀区蓝旗营小区清华大学某老师卖房子后，当晚遭遇冒充公检法的电信诈骗，称他漏缴税款，各种恐吓威逼，被骗走人民币1760万元。北京市海淀区警方提醒市民，对于陌生人电话，不听，不信，不转账，不汇款，增强自我防范意识。2016年，高考考生徐玉玉以568分的成绩被南京邮电大学录取。2016年8月21日，因被诈骗电话骗走上大学的费用9900元，徐玉玉最终因悲伤导致心脏骤停，不幸离世。公安部发布A级通缉令，7名犯罪嫌疑人先后落网。2017年7月19日，主犯陈文辉因诈骗罪、非法获取公民个人信息罪被一审判处无期徒刑，没收个人全部财产。一个普通公民的遭遇引发社会的反思、制度的补救、立法的回应，这个条款被称为“徐玉玉条款”，体现了国家法典对公民权利和生命的尊重。

公民的个人信息权利既是个人权利也是公共利益，是社会运行的底线，是国家文明的硬核。是否尊重人格尊严，是文明社会的核心标志。对公民个人信息的采集、使用、交换、交易，要有案必受理、有案必判。个人信息保护公益诉讼制度，是指个人信息处理者违反国家法规，侵害众多个人信息权益时，由相关公益组织提起的公益诉讼制度。个人信息保护具有网信安全、公共秩序及众多个人生活安宁等合法权益保护的社会公共利益属性。通过将个人信息保护纳入检察公益诉讼范围，能够让用户摆脱维权中的弱势地位，对保护个人信息具有重要意义。个人信息保护法专设公益诉讼条款，明确将个人信息保护纳入检察公益诉讼法定领域。该法第 70 条规定，个人信息处理者违反本法规定处理个人信息，侵害众多个人的权益的，人民检察院、法律规定的消费者组织和由国家网信部门确定的组织可以依法向人民法院提起诉讼。在法律层面明确了个人信息保护公益诉讼制度。

社会主义核心价值体系中不同价值之间在具体问题上可能会出现冲突。在保护个人隐私权时，应平衡不同价值之间的冲突。例如，信息共享与个人隐私保护。信息共享可以充分利用信息资源，也能够通过信息公开保障金融贷款安全、交易安全等。但是，缺乏规范和疏于监督的个人信息采集、加工和使用，又必然危及公民个人的隐私权，甚至损害公民的尊严、安宁和财产。这种情况下，就需要对不同价值进行理性的平衡，即“如何在建立信用平台、促进社会诚信的同时，做到对公民个人财产状况、身体状况、社会关系、生活习惯等属于隐私范畴的个人信息的保护，确保公民个人信息安全和生活尊严”。隐私权的保护既是个人利益，也是公共利益，是社会运行的底线。所以，对公民个人信息的采集，必须秉持善意、经得许可、有限取得、合理使用，防止擅自过度采集和滥用，严禁盗取和非法利用他人信用数据。比如，在新冠肺炎疫情期间，对于个人信息的披露，依法防疫和对于隐私权、个人信息权的保护之间的冲突，孰轻孰重？公权力和私权利的界限，如何划分和平衡？在立法时，面临类似的价值冲突，就需要有优先等级顺序的排序，避免顾此失彼。

（三）离婚冷静期

民法典第 1077 条规定，自婚姻登记机关收到离婚登记申请之日起 30 日内，任何一方不愿意离婚的，可以向婚姻登记机关撤回离婚登记申请。前款规定期限届满后 30 日内，双方应当亲自到婚姻登记机关申请发给离婚证；未申请的，视为撤回离婚登记申请。新增离婚冷静期条款，有两个

“30 天”的规定，只在行政程序离婚登记中适用。有人质疑，结婚没有规定冷静期，离婚为什么要规定冷静期呢？有人认为，结婚不一定是奔着幸福去的，但是离婚肯定是奔着幸福去的，因为日子实在是过不下去了。据不完全统计，70%的离婚都是女性提起的，离婚率高也是女性更加平等独立的社会表现。和“打死也不离婚”的上一代人低离婚率相比，从某种角度上看离婚率上升也是社会文明进步的表现。关于离婚冷静期的设置，社会关注度甚至超过了整部民法典。结婚自由，离婚应该也自由，有人认为应该设置“冷静期”，有人认为不应该设置，存在较大的争议。立法的主要考虑是防止轻率离婚、冲动离婚，以稳定婚姻关系，保证核心家庭的完整和幸福。因为现在的离婚率太高了，人们对于婚姻的忠诚度下降，以前是七年之痒，现在变成了三年之痒、一年之痒，有时一言不合就离婚，“闪结闪离”率较高。2018 年全国离婚结婚比是 43.9%，如上海作为超一线城市，2019 年的离婚结婚比是 63.3%，超过了 50%。2021 年全国依法办理离婚手续的 283.9 万对，比 2020 年下降 34.6%[①]，实施离婚冷静期制度后，2021 年全国的离婚结婚比是 37.1%，离婚结婚确实比民法典实施前有所降低。在司法实践中，基层法院长期以来秉持“第一次不判离”的惯例，无疑增加了离婚成本和婚姻走向的不确定性。第 1077 条在立法之初有很多律师反对，认为“离婚冷静期”提高了离婚的门槛，增加了离婚的难度系数，反而可能削弱适婚男女青年的结婚意愿。2021 年全国全年依法办理结婚登记的 764.3 万对，比 2020 年下降 6.1%，结婚率为 5.4‰，比 2020 年下降 0.4 个千分点，这是自 1986 年以来首次跌破 800 万对。这是立法者在规定“离婚冷静期”时所没有预判到的情形。

（四）禁止高空抛物

民法典第 1254 条规定，禁止从建筑物中抛掷物品。从建筑物中抛掷物品或者从建筑物上坠落的物品造成他人损害的，由侵权人依法承担侵权责任；经调查难以确定具体侵权人的，除能够证明自己不是侵权人的外，由可能加害的建筑物使用人给予补偿。可能加害的建筑物使用人补偿后，有权向侵权人追偿。物业服务企业等建筑物管理人应当采取必要的安全保障措施防止前款规定情形的发生；未采取必要的安全保障措施的，应当依法

① 《2021 年民政事业发展统计公报》，载民政部官网 2022 年 8 月 26 日，https：//mca. gov. cn/images3/www2017/file/202208/2021mzsyfztjgb. pdf。

承担未履行安全保障义务的侵权责任。发生本条第一款规定的情形的，公安等机关应当依法及时调查，查清责任人。

以前高空抛物发生了严重危害后果的，定为“以危险方法危害公共安全罪”。为维护头顶上的安全和出行安全，和这一条相衔接的是刑法修正案（十一）专门设立的高空抛物罪。

（五）见义勇为条款

民法典第184条规定，因自愿实施紧急救助行为造成受助人损害的，救助人不承担民事责任。民法典这一条倡导和弘扬见义勇为的社会风气，有着巨大的社会进步。以前法律规定“因自愿实施紧急救助行为造成受助人损害的，除有重大过失外，救助人不承担民事责任”。后来修改为“受助人能够证明救助人有重大过失造成自己不应有的重大损害的，救助人承担适当的民事责任”。到现在民法典直接规定“因自愿实施紧急救助行为造成受助人损害的，救助人不承担民事责任”，让“英雄流血不流泪”。

【典型案例】

心肺复苏压断老太12根肋骨　二审维持原判

2017年9月，辽宁沈阳一家药店店主孙某某在为一名昏倒在自家店内的齐老太做心肺复苏时，压断了对方12根肋骨。10月，孙某某接到了诉状，齐老太将孙某某告到法院，向其索赔住院费近万元，待伤残等级评定后，再索赔伤残赔偿金。2019年12月31日，孙某某拿到了法院的民事判决书，法院驳回原告诉讼。为此，法院召开了医疗专家听证会，得出专业判断，认为孙某某实施心肺复苏的过程不违反诊疗规范，不应承担抢救过错责任，故驳回齐老太的诉讼请求。原告不服上诉，二审法院维持原判。目前，孙某某表示，看到二审结果，很感谢法律对正义的维护。法院判决适当，更重要的是不只符合诊疗规范，更符合法律的引导作用——鼓励更多的人抢救生命。

（六）保护英雄烈士人格利益

民法典第185条规定，侵害英雄烈士等的姓名、肖像、名誉、荣誉，损害社会公共利益的，应当承担民事责任。检察院可以提出对英烈的公益诉讼。比如：董存瑞案件、叶挺案件、南京“辣笔小球”案件等。另外，刑法修正案（十一）与民法典、英雄烈士保护法相衔接，将侮辱、诽谤英雄烈士的行为明确规定为犯罪。

任何法律在制定之初都是本着追求完美的立法目标，但是没有一部法律是完美的。适用过一段时间之后的法律，可能有不合时宜的漏洞，需要法律解释来弥补。张明楷曾告诫："法律不是嘲笑的对象，而是法学研究的对象；法律不应受裁判，而应是裁判的准则。……法律的制定者是人不是神，法律不可能没有缺陷。因此，发现法律的缺陷并不是什么成就，将有缺陷的法条解释得没有缺陷才是智慧。"① 民法典颁布实施，并不意味着一劳永逸解决了民事法治建设的所有问题，仍然有许多问题需要在实践中检验、探索，以及不断配套、补充、细化，以及不断修改完善相关法律法规和司法解释。

第二节　刑法的现代化对于社会新期待和新要求的回应

刑法的重要功能是预防减少犯罪，维护社会秩序、服务于国家治理和社会治理。在整个法律体系中，刑法的社会规范功能是最强大的。在社会治理的工具箱中，刑法是穷尽其他社会控制方法效果不佳之后，才不得不采用的最后手段。如果民众是遵纪守法的公民，实质上终其一生都不需要和刑法打交道。老百姓对于刑法的态度是希望永远不要有机会适用那些惩罚性条款。刑法具有强大的威慑功能，以至于很多贪官在忏悔时会辩称自己不懂法，其实是主要不懂刑法，也许他们的忏悔所言非虚，是人求生本能的投射性表述。刑法专业理论性较强，因此普通人初学刑法时，对于刑法条款字面上的理解经常是不太精准的，和司法解释、刑法教科书的权威解释相差甚远，这是刑法适用专业性和通俗性之间的矛盾。

"蔑视社会秩序的最明显最极端的表现就是犯罪"②，犯罪往往被认为是最极端的反社会行为，是对社会规范的公然抵制和违抗。反社会行为由轻到重可分为违反道德规范、越轨、违法、犯罪。借用心理学的"冰山理论"，犯罪行为就像一座漂浮在水面上的巨大冰山，能够被外界看到的这

① 张明楷：《刑法格言的展开》（第3版），北京大学出版社2013年版，第6—8页。

② 《马克思恩格斯文集》第1卷，人民出版社2009年版，第443页。

些行为表现，只是露在水面上很小的一部分，更庞大的山体是隐藏在水面之下，隐喻着未被发现的不被看见的犯罪行为和长期被压抑的反社会性行为。露在水面之上的冰山隐喻“看得见”的犯罪行为，呈现三角金字塔型。位于金字塔的塔尖是恶性程度最高的严重罪行，数量罕见；中间层是具有较大社会危害性的普通犯罪，数量居中，高发态势；下层是轻微犯罪，数量较多，频发常见。犯罪分层理论，为有效地开展社会治理和犯罪治理提供了理论依据。

积极刑法观是对刑法扩张持有肯定的态度，总体上包括风险刑法观、预防刑法观、功能刑法观等多种观点。传统刑法观和现代刑法观对于“预防性立法”存在某种较量和博弈，从而推动刑法的现代化。近年来，出台的刑法修正案都会有支持和批评的声音，批评者认为是象征性立法、非理性表达、情绪性立法、过度刑法化，学者们的批判是为了更好地总结刑事立法经验。① 支持者以周光权为代表，其主要观点：考虑到中国的社会特质与法治建设道路，应扩大刑法的规制范围并重视处罚手段的多元化。为此，他主张根据需要再增设相当规模的轻罪，原有的处罚不要轻易由轻改重等。② 张明楷亦赞成“我国刑事立法应当从‘限定的处罚’转向‘妥当的处罚’。在新类型的法益侵害明显增加的情况下，就需要增设新的犯罪”。③

消极刑法观对于刑法扩张持有批判否定的态度，认为刑法扩张对罪刑法定原则、罪刑相适应原则、刑罚人道主义、客观主义等理念的抵触背反，会给刑事法治带来负面影响。刘艳红指出，“97 刑法”颁布以来的十一部修正案，以高度活跃的刑事立法积极推进犯罪化，使得刑法过于早期化、宽泛化地参与社会治理，与罪刑法定主义的实质侧面形成了柔性冲突。④ 何荣功也将当前的刑法扩张称为缺乏正当化根据的“过度刑法化”⑤。不同学派的观点争锋交融，有利于刑法学科的建树和发展。

刑法修正案的出台回应了社会治理的新挑战和新需求。从 1997 年刑法

---

① 张明楷：《中国刑法学的发展方向》，载《中国社会科学评价》2022 年第 2 期。

② 周光权：《积极刑法立法观在中国的确立》，载《法学研究》2016 年第 4 期。

③ 张明楷：《增设新罪的观念——对积极刑法观的支持》，载《现代法学》2020 年第 5 期。

④ 刘艳红：《刑法的根基与信仰》，载《法制与社会发展》2021 年第 2 期。

⑤ 何荣功：《社会治理“过度刑法化”的法哲学批判》，载《中外法学》2015 年第 2 期。

实施至 2023 年 6 月，立法机关共颁布了 1 部单行刑法和 11 个修正案，刑法分则条文从 350 条增加到 387 条，罪名从 412 个增加到 486 个。其中，新增 78 个罪名，改造 63 个旧罪，修改条文 202 条。从实证的角度进行数据分析，人民法院审理的严重暴力犯罪案件，从 2013 年的 7.5 万件 9.57 万人，下降到 2021 年的 4.9 万件 5.68 万人；2021 年被判处三年以下有期徒刑的罪犯人数占判决生效总人数的比例达到 84.6%。[①] 一系列数据说明我国进入轻罪时代[②]，社会治安秩序持续向好是刑法积极能动参与社会治理的体现。积极治理，首先体现通过刑法修正案增加新罪名，以法定犯或轻罪微罪为主。本书主要是研究从 2015 年刑法修正案（九）至 2020 年刑法修正案（十一）刑法的发展。因此，刑法适应了社会治理的客观需要，降低了犯罪门槛，扩张了犯罪圈，把属于治安行政处罚的行为吸纳为刑事处罚的范围，提高了轻罪微罪的比重，强化了司法参与社会治理的功能。

一、刑法参与社会治理是“积极刑法观”的表现

“积极刑法观”表现为回应性立法和扩张性立法，以刑法修正案积极参与社会治理。“消极刑法观”是以报应为根据，以实际危害发生为根据的事后被动预防。积极刑法观不需要等到危害结果发生就主动予以刑法治理，以预防更为严重的犯罪后果，尤其是刑法修正案（十一），其在功能上突破了以往消极预防的功能模式。

（一）通过刑法治理来保障社会安全和稳定

刑事立法积极治理新兴领域和社会治安领域出现的突出问题，特别在国家安全、科技创新、防范风险等重点领域，刑法修正案一方面严厉打击重要领域的犯罪；另一方面积极发挥刑法的功能，新型犯罪及时作出回应。在贯彻国家总体安全观的前提下，刑法修正案越来越注重对公民安全的维护，如职业安全、身体安全、环境安全、公众健康安全等。现代刑法有“扩张立法”倾向，刑法修正案调整了原有的罪名罪状，原先的罪名已经不能概括修改后的条文。因此，罪名也应当进行相应的调整。由于刑法

① 《2021 年全国检察机关主要办案数据（附答问）》，载最高人民检察院官方百家号 2022 年 3 月 8 日，https：//baijiahao. baidu. com/s？ id = 1726717872644347412&wfr = spider&for = pc。

② 主流学说观点认为，微罪是指最高法定刑仅为拘役、管制的犯罪，或可判处拘役或以下之刑的罪。3 年以下法定刑为轻罪。

调整范围的扩张需要扩大罪名来包容现有的罪状，表明我国刑事立法有逐步扩张化的趋势。

1. 保障经济安全

坚持底线思维，在金融领域严厉打击非法活动，为经济发展提供安全保障。比如：为保障金融安全，守住不发生系统性风险的底线，加强对金融乱象的刑法治理。严厉惩治金融犯罪，为保障落实中央“三大攻坚战”的决策，防范发生重大金融风险，保障注册制改革的顺利进行。刑法修正案（十一）对金融犯罪作了修改，体现了对资本市场犯罪零容忍，大幅提高金融违法违规的成本，严厉打击非法金融活动。2020 年 12 月，国务院制定和通过了《防范和处置非法集资条例》，目的是保障人民群众财产安全，防范化解金融风险，维护经济秩序和社会稳定。

2. 维护社会公共安全

严厉打击恐怖犯罪活动，刑法修正案（九）对恐怖主义、极端主义犯罪作了系统修改，增加了相关条文 9 个，对恐怖活动犯罪构建从前端到后端，从预备、帮助到实行，各个环节全方位的制度设计。

3. 托底民生安全

刑法修正案（十一）及时回应一系列新问题和重大公共事件，把新兴法益或者以前不甚重视的法益纳入刑法的保护范畴，克服立法滞后性。修改安全生产类犯罪，增加了“强令、组织他人违章冒险作业罪”等。刑法首次在安全生产领域规定了“危险犯”，体现了重视发挥刑法重典治理安全生产领域的积极功能；为保护民众头顶安全和公共交通安全、出行安全，增加“高空抛物罪”“妨害安全驾驶罪”，出于对 2018 年重庆公交车坠江案的回应，增设抢夺公交车方向盘等“暴力危及交通安全罪”。对齐玉苓、苟晶等冒名顶替考试等重大案件的回应，增设“冒名顶替罪”，体现了对最重要的最基本的公民受教育权、就业权的保护。出于对深圳非法基因编辑贺建奎案的回应，增设“非法植入基因编辑、克隆胚胎罪”，对下一代人的发展权进行保护。坚持四个最严原则“最严谨的标准、最严格的监管、最严厉的处罚、最严肃的问责”，加重了危害食品药品安全犯罪；为保护生态安全，修改环境污染罪，加大对生态环境犯罪的惩治力度；为强化公共卫生安全，加大对疫情防控、公共风险、卫生风险安全、生物安全等方面的刑法保护力度。其中，刑法修正案扩大了妨害传染病防治罪，严密公共卫生刑事法网，特别是扩大传染病规制的范畴。

（二）“风险刑法观”适应高风险社会的变化

风险社会和社会转型理论，既是理解和解释当代社会的宏观背景，也是法律适用的底层逻辑。风险社会中的“风险”，转型社会中出现的剧烈矛盾和冲突，作为一种客观存在的事实，在改变人类对当代社会的态度和认知的同时，也深层次地改变了人类所构建的知识论和价值论体系。刑法无法坚守兼顾安定性与确定性的法律传统，无法解决各种风险叠加和不确定性，以及由此引发的新型犯罪问题，刑法越来越注重由事后惩罚转化为事前预防。由此，“预防性刑法观”的产生是转型社会和风险社会共同推动下的结果。

党的十九大报告中，重大风险防范被列入三个攻坚战（防范化解重大风险、精准脱贫、污染防治）之首，这表明管控风险已上升到“国策”层面。目前，各部门在逐步加强对防范化解风险的立法，为防化重大风险提供法律依据。刑法修正案的预防性立法，就是刑法回应国家宏观形势和政策的需要，加强对重大风险和矛盾防范化解的体现。

刑法修正案的“回应性立法”，还有强大的民意基础，这反映了群众对不安全感存在严重的内心焦虑，有某种防御的需要。安全感作为一个重要的价值目标，某种情况下甚至排序在“自由”价值前面。人们为了“安全感”，在某些情形之下会牺牲一部分“自由”，这推动了“回应性刑法”的产生和发展。刑法的积极预防是贯彻以人民为中心的发展思想，更注重保障弱势群体，是回应社会现实需求，与社会互动的必然结果。在“互联网＋”时代，人工智能大数据的应用普及，无疑增加了相应的社会风险，给隐私权、个人信息保护权等人权保障提出了新课题。所谓“魔高一尺，道高一丈”，立法方面与高科技接轨，也应及时更新人权保障刑法保护的规范体系。

何种行为应当处于刑罚？哪种刑罚对预防犯罪有实质作用？对哪类犯罪人适用哪种刑罚能最有效地预防犯罪？如何防止再犯和累犯？是不是要实行前科消灭制度？这些都是刑法立法要精准思考和解决的问题。什么是犯罪化？什么是非犯罪化？“所谓犯罪化（criminalization），是指将不是犯罪的行为在法律上作为犯罪，使其成为刑事制裁的对象。犯罪化，包括立法上的犯罪化和刑罚法规解释适用上的犯罪化。……所谓非犯罪化（de-criminalization），则是指将迄今为止作为犯罪加以处罚的行为不作为犯罪，停止对其处罚，包括变更从来都是作为犯罪科处刑罚的现状，而代之以罚款等行政措施加以处罚的情况。”① 这在刑法修正案（十一）中的体现明显，刑法修正案（十一）明确地把社会惩治愿望强烈的行为纳入刑法规制的范围，把积极回应社会关切的司法犯罪化递进为立法犯罪化，从而纠正了司法犯罪化所可能带来的偏离罪刑法定原则的不良倾向，调试法律与现实，以及犯罪化的扩张属性与罪刑法定原则的关系。

（三）“回应刑法观”体现对民意诉求的尊重

1997 年刑法自颁布实施以来，产生了 11 个刑法修正案，刑法的制定和修改始终坚持宽严相济的刑事政策。比如，对未成年人犯罪年龄采取特定形式下，经严格程序的个别调整，降低故意杀人的法定责任年龄。刑法修正案（十一）中规定，已满 12 周岁不满 14 周岁的人，犯故意杀人、故意伤害罪，致人死亡或者以特别残忍手段致人重伤造成严重残疾，情节恶劣，经最高人民检察院核准追诉的，应当负刑事责任。这意味着在“特定情形、特别程序”的前提下，12—14 周岁未成年人同样要承担刑事责任。调整刑事责任年龄可以严厉制裁社会危害严重的低龄未成年人恶性犯罪，维护社会公平正义和社会安定。这条诟病已久的“未成年人犯重罪，不用承担刑事责任”的刑法规定被修改，既回应了社会关切，也体现了宽严相济的刑事政策。对“未成年人犯罪年龄”修改是源于 2019 年辽宁大连发生 13 岁男孩故意杀害 10 岁女童致死案件，按照当时的刑法，因为不满 14 周岁，完全不负刑事责任，只是被送到未成年犯管教所收容教养 3 年，处罚明显过轻，引起了社会公愤。

在修改药品管理法取消了拟制的假药、劣药认定之后，刑法修正案（十一）取消对假药、劣药的相关认定，强调了假药、劣药标准的刑法与行政法相统一，将刑法置于行政法之后，强化了刑法作为药品管理法的保障法地位。例如，江苏陆勇因进口抗癌药“格列卫”太昂贵，购买和销售治疗白血病的印度仿制药，湖南省沅江市检察院以“销售假药”为罪名，将陆勇公诉至沅江市法院，陆勇的 300 多名白血病病友联名写信，请求司法机关对他免予刑事处罚。基于对生命健康权属于最高价值的认知，生命至上的观点被司法机关接纳。随后于 2014 年，沅江市检察院向法院请求撤回对陆勇的起诉，

---

① ［日］大谷实：《犯罪化和非犯罪化》，载陈兴良主编：《刑事法评论》第 6 卷，中国政法大学出版社 2000 年版。

法院对“撤回起诉”作出准许裁定。这个真实案例后来改编为电影《我不是药神》，引发修改药品管理法和医保报销政策。从2018年起，对进口抗癌药征收零关税，通过个案正义推动社会正义的实现。

刑法加大对贪污受贿罪的惩罚力度，设立特别死缓制度，替代死刑制度，是响应慎用死刑政策的表现，乃是社会进步的象征。立法者理应更加准确地把握犯罪治理的规律，积极回应民众对刑法的新期盼和新要求。特别是随着网络和自媒体即时通信的发展，信息传播的速度和急剧的反应呈爆炸式，某些社会热点事件一触即发，其发生、发展和演化成为影响立法的“扳机”。

刑法修正案在刑罚的设置上坚持了重刑主义思想，体现了刑法对犯罪人渐趋严厉的评价。但同时对75岁以上的老人、未成年人以及妇女的从宽处理，修改缓刑和前科报告制度属于从宽处理。刑事法官在裁判时，如果“迎合民意”重判或者轻判，会承受被认为“审判工作不独立”的压力，在审判期间，最好与新闻舆论保持适当的距离。部分刑事判决难以被民众接受，这无形中降低了刑事司法的权威性。“并非是社会和刑法之间，而是社会意识与刑法理论之间的背离逐渐显著。”①

（四）刑法轻罪化时代的到来标志着社会正走向文明进步

死刑的数量及适用范围有严格限制，甚至死刑的废除，已经成为世界性的趋势。因此，作为最重刑种的死刑在刑罚中所占的比重及适用范围，是最能直接反映刑罚结构的轻重倾向。关于减少死刑的适用，党的十八届三中全会提出了逐步减少适用死刑罪，刑法修正案（九）修正案废除了46个死刑，提高了死缓罪犯执行死刑的门槛，并且在刑法修正案（八）取消13个经济性非暴力犯罪的基础上，取消了9个罪名的规定，表明我国刑法刑罚走向缓和化。

轻罪立法是我国近年刑法立法的重要特征。轻罪立法是指随着犯罪门槛降低，把过去和现在可以由行政法等调整的行为纳入刑法范围，尤其是废除劳动教养制度和收容教育制度等行政处罚之后。刑法修正案（九）增加了考试作弊罪，刑法修正案（十一）规定了高空抛物罪、妨害安全驾驶罪，在法定刑的设置上不高。实际上，这些轻罪的规定是坚持贯彻宽严相

---

① 张明楷：《中国刑法学的发展方向》，载《中国社会科学评价》2022年第2期。

济的刑事政策，是基于完善人权保障的考虑。在人的权利、自由观念日益凸显的当代社会，一个国家刑法中自由刑所占的比重，反映出这个国家对人的权利、自由的尊重程度。

（五）完善预防性立法，突出社会治理“抓前端、治未病”

完善预防性法律制度建设，是习近平法治思想的重要组成部分。刑罚应该与犯罪人的人身危险性和社会危害性相适应，由注重犯罪已然状态过渡为注重犯罪未然状态。按照综合治理，加强防范性制度建设，不断推进重要犯罪领域专项整治的专门立法，深入认识对犯罪产生、发展和预防、惩治的规律，体现刑事法律在参与社会治理时是更加精准有效的。法治建设要抓“末端”治理，更要重抓“前端”治未病，完善预防性法律制度。近年来，基于此宗旨，对特定犯罪出台了全面综合治理的专门法律。例如，反有组织犯罪法、反电信网络诈骗法。这类法律的制定是针对专门领域的犯罪治理，采取综合性的立法方式，打击和防范并重的制度设计。例如，某种犯罪行为在某个时间段呈现爆发性、难遏制的增长态势，立法机关出于维护社会秩序的考虑，势必提高此罪名对应的威慑力度，那么从立法层面上出台新法或者修改旧法，加重某一罪名的量刑，从而达到提高威慑和预防的目的。

在社会治理的基本策略上，强调系统治理、综合治理、标本兼治。犯罪的产生、发展具有复杂的成因，有主观偶发因素，也有其客观必然性，仅依靠刑法不可能解决所有犯罪问题。一方面要准确理解刑法的功能定位，发挥刑法应有的功能；另一方面要重视综合运用多种手段治理违法犯罪问题。

（六）依托刑法“扫黑除恶”常态化，营造安全和谐的社会环境

从 2018 年 1 月起，在全国开展为期 3 年的扫黑除恶专项斗争，清除了一批黑恶势力。2018 到 2021 年 3 年期间，打掉的涉黑组织相当于前 10 年的总和，对黑恶势力形成了强大震慑。常态化开展扫黑除恶斗争，坚持打早打小、促进常治长效，把三年专项斗争始终坚守的“是黑恶犯罪一个不放过、不是黑恶犯罪一个不凑数”融入日常。① 巩固整治“村霸”“沙霸”

① 《最高人民检察院工作报告（第十三届全国人民代表大会第五次会议）》，载最高人民检察院网 2022 年 3 月 15 日，https：//www. spp. gov. cn/spp/gzbg/202203/t20220315_ 549267. shtml。

“菜霸”等成果，促进基层社会治理。2021 年 12 月，第十三届全国人民代表大会常务委员会通过了反有组织犯罪法，为常态化的制度建设提供重要的法律支撑。要继续依法打击破坏社会秩序的违法犯罪行为，特别是要推动扫黑除恶常态化，持之以恒、坚定不移打击黑恶势力及其保护伞，让城乡更安宁、群众更安乐。[①]

二、刑法在现代化过程中产生的矛盾和问题

刑事立法和社会发展同步，需要与时俱进不断完善。刑法要主动服务于社会治理，为社会治理提供“风向标”。近年来有轻罪立法的趋势，甚至有学者提出[②]，将行政拘留刑法化。理论学界对于刑法的现代化有着不同的认识和分歧，主要表现在以下几个方面。

(一)“口袋罪”的泛化

在我国刑法中，有四个“口袋罪”，分别是“以危险方法危害公共安全罪”“非法经营罪”“寻衅滋事罪”“破坏生产经营罪”。2020 年 2 月 28 日，最高人民法院、最高人民检察院明确了妨害疫情防控适用危害公共安全罪范围，主体上限于已确诊的新冠肺炎病人、病原携带者，或者新冠肺炎疑似病人。根据最高人民法院、最高人民检察院、公安部、司法部联合出台的《关于依法惩治妨害新型冠状病毒感染肺炎疫情防控违法犯罪的意见》，已经确诊新冠肺炎病人、病原携带者，拒绝隔离治疗或者隔离期未满擅自脱离隔离治疗，并进入公共场所或者公共交通工具，故意传播新冠肺炎病毒感染肺炎病原体的，以危险方法危害公共安全罪定罪处罚。拒绝执行防控措施，引起新型冠状病毒传播或者有传播严重危险的，以妨害传染病防治罪定罪处罚。“两高”相关负责人指出，对于明知自身已经确诊为新冠肺炎病人或者疑似病人，出于报复社会等主观故意，恶意向不特定多数人传播病毒，后果严重、情节恶劣的，也适用于以危险方法危害公共安全罪。“以危险方法危害公共安全罪”适用主体范围逐渐扩大，涵盖了公共安全、道路交通安全、市场经济秩序、社会管理秩序等各个领域，成了社会控制的重要手段。民众会感觉到“昨是今非”，心理上的可预期性

---

① 习近平：《坚定不移走中国特色社会主义法治道路　为全面建设社会主义现代化国家提供有力法治保障》，载《求是》2021 年第 5 期。

② 刘仁文：《我国行政拘留纳入刑法体系构想》，载《法制与社会发展》2021 年第 5 期。

和确定性弱化。“运动式治理”模式逐渐走向法治化、常规化，社会治理“刑事化”伦理诉求愈加明显。而口袋罪泛化问题，是国家权力机关为满足社会治理“刑事化”诉求而出现的附带结果，受到一定的质疑和批评。

（二）对于刑法立法的批判性有余，建设性不足

犯罪学和刑事政策主要研究某种行为对社会所造成的危害究竟有多大，禁止该行为会带来什么后果，应当用何种程度的刑罚来禁止。[①] 酒驾入刑自2019年成为刑罚第一大罪名，曾有全国人大代表甚至提出取消“酒驾入刑”的建议。2022年两会期间，全国人大代表、广东国鼎律师事务所主任朱列玉提出建议取消醉驾型危险驾驶罪。每年有高达30余万人因“醉酒驾车型”危险驾驶罪被判刑，占全国刑事案件总数的1/3。部分危险驾驶罪犯罪人尽管情节较为轻微，却要同时受到行政处罚和刑事处罚，且因“前科报告制度”的存在，醉驾对犯罪人及其家属的就业自由、社会生活等造成了较大的影响。如果是体制内单位的员工，会被“双开”。在限制刑法适用的同时，建议加大对酒驾醉驾行为的行政处罚力度和范围。比如：行政拘留、重罚款。这件人大代表建议代表了一部分群体的意愿，至少是反映了因“酒驾入刑”受犯罪牵连无辜家人的呼声。

对于刑法适用范围的扩张和重刑化的发展思路，有人认为限缩了公民的自由权；有人批评刑法修正案“应景性”“情绪性”“工具性”矛盾比较突出；有人认为刑法不再是保护人们法益的法律，而是人为为了维护社会稳定的工具；有人坚持认为未来刑法发展应该秉持谦抑性的消极立场，质疑“轻罪立法”导致刑法挺在治安管理的前面，背离了刑法的功能和目的；有人认为，高空抛物罪的“轻罪立法”背离了刑法的谦抑性原则等，理论学界对于刑法立法的批判性有余，建设性不足。

（三）刑法的现代化进程滞后于现实社会治理的需要

在信息社会和风险社会，刑法的发展应该符合现代社会治理需要。在刑法政策上，一般预防优先于特殊预防，强调针对犯罪预防上的未雨绸缪，防早防小，体现刑法积极参与社会治理的功能。通过治轻罪防重罪，将轻微犯罪纳入刑法调整，强调道德底线刚性化和规则刚性化，可以避免“破窗”效应，有利于培养民众的守法意识和规则意识。

---

① 张明楷：《中国刑法学的发展方向》，载《中国社会科学评价》2022年第2期。

刑法作为调整社会关系的最后手段，在内容上具有高度的涵盖性和抽象性，但社会变化深刻复杂，新生事物层出不穷。罪与非罪，往往是“一念之差”。很多案件涉及的不再是单一的刑法学科而是整个法学领域。截至2022年底，我国刑法罪名已经增加到486个，刑法修正案每增加一个罪名，无疑是增加了巨大的成本，占用公检法等司法资源，如2021年有高达35万人因“醉酒驾车型”危险驾驶罪纳入刑法，社会治理成本昂贵，司法系统不堪重负。如何“严而不厉”低成本地运行刑法，使其威慑功能大于实际惩戒功能，使社会治理和谐有序，值得进一步研究和思考。

三、未来刑法现代化的变革趋势

虽然在任何一个社会，犯罪是无法避免和难以杜绝的社会现象，但治理犯罪不是盲目的，应该遵循其自身发展的规律和逻辑。刑法应以社会治理政策为根据，适应社会治理能力和治理方式现代化的要求，才能获得“法律效果、政治效果、社会效果”相统一。现代刑法的趋向是功能主义化，越来越深地介入社会治理。新时代对刑事立法提出新要求，刑法在有效的惩治犯罪和保障人权的同时降低司法成本和执法成本，提前防范重大犯罪，加强对民生的保障。具体分析，包括以下几个方面。

（一）“回应性”刑法应更加适应转型社会的要求和顺应民意

刑法在未来的实施过程中，应当根据社会转型和发展的需要，提出行之有效的刑事政策与刑罚变革创新，对预防犯罪和社会治理作出更大的贡献。作为社会控制手段的刑法应该逐步成为调节、引导和控制社会生活的手段和方式，而不仅仅是强制性或者禁止性规定。

刑事立法积极发展源于社会发展的需求，在此应该继续坚持积极谨慎的刑法发展观。刑法规制的是人的行为，什么样的行为应当受到刑法规制，既取决于每个国家特殊国情之下的政治制度，更取决于当下社会本身的实践发展。世界各国的刑法都呈现活性化的发展趋势，本质上是社会治理的刑法化趋势。刑法作为上层建筑范畴，其发展归根结底主要是源于当下的社会实践，刑事立法的活跃化首先源于社会活跃化的背景。比如，生物技术、基因编辑技术等领域的突飞猛进，引发社会对生物安全的恐慌和关注。为防止出现生物遗传领域的代际不公平，刑法密织法律网络，堵住法律漏洞，提高对重大科技风险的防范能力。刑法的修改应当和司法实践中的真问题结合起来，不应在刑法中设置宣誓性条款、休眠条款或休眠罪名。

当代社会有对于轻罪犯罪前科报告制度的存废之争。在我国，包括公务员政审、入职、教育、创业、参军入伍等需要无犯罪记录证明，而我国刑法的前科报告制度，导致犯轻罪者在服刑后很难再找到工作重新融入社会，还会影响他们的子女，容易将他们推向社会的对立面。犯罪前科消灭制度应由未成年人群体适用于轻罪成年人群体，给其重新做人的机会。如果太过于计较和沉溺于过往的陈年旧案，容易激发人性恶的一面，不利于曾经的“犯罪人”回归社会成为“守法公民”。轻罪犯罪前科消灭制度会突然被实行，就像劳教制度、收容教育制度突然被宣布废止一样，这是符合社会治理体系和治理能力现代化的现实需要和必然要求的。

（二）刑法的扩张应处理好安全秩序和人权保障之间的平衡

刑法的扩张性和谦抑性是两种截然不同的价值取向。刑法谦抑性是人类一种朴素的法感情。尤其是刑罚处罚要遵循谦抑性原则，不能过度使用，其主要原因是：第一，在社会治理手段中，很多方式和手段越用效果越好，越用效率越高，但是唯独“制裁性”的手段，达到一定的效用峰值以后出现了边际效用递减。第二，任何一个社会对国家强制力的承受能力是有一定阈值的，超过这个限度，社会就容易瓦解和崩溃。中国传统法文化强调“德主刑辅”，把国家强制放到次要位置，把道德教化放在主要位置，有利于长治久安。

刑法的谦抑性作为一种刑法运行机制，和刑法现代性之间存在着内在的紧张关系。虽然法律追求权威性、稳定性和确定性，但是刑法还是应当适时变化调整和动态平衡，不能刻舟求剑式的绝对不变，与现实严重脱节。尽管对于刑法修正案有情绪性立法的质疑，这为进一步完善刑法，使刑法走向现代化提供了良好的契机。

刑法的扩张和犯罪圈的扩大，是未来刑法发展的一个必然趋势。在科学立法层面，涉及公权力对于权利保护的方式及范围，权力和权利之间的边界划分，哪些属于黑色领域，可以纳入刑法的调整范围？哪些属于灰色领域，暂时不用纳入刑法的调整范围？刑法的发展只有在安全秩序、人权保障中寻求一种动态平衡，随着政治的需要适时调整刑事政策，而不是一味地强调谦抑性。比如徐州铁链女事件发生后，针对“收买被拐卖妇女儿童罪”的刑罚，最高刑只有三年，相比较“非法收购野生动物罪”“收购赃物罪”等罪的法定刑，处罚畸轻，有民意呼吁立法机关适当提高该罪的最高刑罚。总体来讲，当前刑法在财产犯罪上总体还是停留在1979年刑法的框架下，但是现在刑罚配置轻重的背后更应该考量对人尊严的保护，更优先于对动物和财产的保护。

（三）应当更加注重刑行衔接和刑民衔接

伴随民法典的出台，对于刑法典的呼声越来越高。在刑法未作伤筋动骨式的大修改的前提下，以刑法修正案的形式，部分修改刑法，犹如“戴着镣铐跳舞”，其难度可想而知。但是，在部分修改过程中，逐渐改变旧有的刑法理念，从局部向全部、从外围向中心，最终引起刑法基本观念的质变，实现积极的一般预防的刑法的理念也是可能的。从此意义上讲，现行的部分刑法修正实际上是为将来整体刑法的修改进行的准备工作。①

一个犯罪行为如果侵害的是私益，涉及民法等私法，侵害公益的涉及行政法或刑法。“出礼入刑”，注意刑法之外和其他基本法的平衡，刑行衔接和刑民衔接。民法典中专门设计有法律条文直接对刑事、行政和民事之间的关联关系。比如，在总则编“民事责任”章的第187条规定，民事主体因同一行为应当承担民事责任、行政责任和刑事责任的，承担行政责任或者刑事责任不影响承担民事责任；民事主体的财产不足以支付的，优先用于承担民事责任。作为第187条的具体运用，假设有人实施侵害英雄烈士等的姓名、肖像、名誉、荣誉，损害社会公共利益的，不仅要依据民法典第185条应当承担民事责任，还可能依据英雄烈士保护法第26条构成违反治安管理行为，由公安机关依法给予治安管理处罚；构成犯罪的，还要依法追究刑事责任。这种就同一个行为，刑事、行政、民事法律，都有发挥作用的空间和余地，在法律领域并不罕见，这是一种“刑行民交叉”②。

应坚持“刑罚不越界”原则。刑法是保障法和最严厉的惩罚法，因此要少用、慎用。对于法律和行政法规对某种违法行为只规定了行政处罚，而没有规定刑事处罚的，无论这种违法行为多么严重，都只能限于行政处

① 黎宏：《关于刑法修正案（十一）草案中若干条文的商榷》，载《人民检察》2020年第19期。

② 江必新、胡云腾 、王轶：《刑行民交叉疑难问题研究》，载《中国法律评论》2021年第6期。

罚，不得破格适用刑事处罚。实践中常常发生把无罪行为变为犯罪行为的案例，源于将行政违法行为定性为刑事危害行为，混淆了刑法、行政法的法律边界，违反了罪刑法定原则。

应坚持“刑免行不免”原则。实践中，有些已经构成犯罪应当按照刑事诉讼程序处理的“刑行民交叉”案件，由于行为人认罪认罚、赔偿损失或消除危害，依法可以不追究刑事责任，故司法机关依法作出不起诉决定或者免予刑事处罚处理。对此类不按照刑事犯罪处理的行为，行政处罚不能也随之免掉，而是应作出行政处罚。

轻罪的扩容应该注重行刑衔接、民刑衔接。虽然刑法修正案不少新增设的罪名都是“法定犯”，“法定犯”的增加引发了刑民衔接的问题。刑罚化确实是解决社会问题的手段之一，但对社会越轨行为的系统治理不能用刑罚代替其他手段。刑罚只是一种治理手段，在行刑衔接、民刑衔接上应该有清晰的界限。比如，合同诈骗行为，有的地方在民事上认定，却在刑法上不被追诉，本质上是一种被变相保护。刑法重刑化的倾向和趋势，也应当值得警惕。法治社会应该是个健全自由的社会状态，生活在其中的民众并非噤若寒蝉，有处处受限的感觉。比如：非法集资罪、非法吸收公众存款罪等涉众型案件，往往涉及几万人甚至几十万人，司法解释明确规定刑事优先、先刑后行民、集中处理原则，有利于查清事实，提高诉讼效率，这也从另一个侧面客观反映了民营企业融资难、融资贵的现实困境，经济类的案件往往具有刑民交叉的特点。

（四）刑事政策由“宽严相济”逐步转为“宽严相济、严而不厉”

在犯罪治理手段的宽严把握上，注重区分不同犯罪的类型和情况，坚持宽严相济。中央对政治安全领域、国家安全领域、经济安全领域、公共安全领域等重要领域的安全，对严重危害人民群众利益的犯罪治理高度重视。在危害国家安全犯罪、恐怖犯罪、黑恶势力腐败犯罪、食品药品犯罪、金融犯罪等防范重大风险领域的犯罪，坚持从严打击，积极发挥刑法对维护国家安全、公共安全、经济秩序和人民生命财产安全的保障作用。同时，在其他普通犯罪领域要强调综合治理、有效治理、宽严相济，并不是片面强调重典治罪。

如何建立死刑的替代制度？社会文明进步进程是不断推进减少适用死刑罪名的进程。特别是随着国家治理体系和能力的现代化，我国的死刑适用应该达到什么目的？哪些罪名可以进一步减少死刑的适用？这需要从立法、司法等环节来共同解决。未来死刑适用的罪名会越来越少，这是中国法治现代化的必经之路。

（五）从保护个人法益更加注重转向保护集体法益

按照法益保护说，刑法保护的法益包括个人法益和集体法益。古典主义刑法理念强调，刑法的核心任务是保护个人法益，在生产方式相对简单的社会有助于防止刑法权的滥用。但是，随着社会发展和时代变迁，以个人自由主义为基础的古典主义刑法，实际上已经遭到一定程度的摒弃。主要原因是传统社会的个人在风险防范面前显得越来越势单力薄，需要集体通力合作来对抗。在现代社会增加刑法保护集体法益规范的，也具有合理性。在社会风险和自然灾难面前，自由和秩序需要重新取舍和平衡。人们追求自由生活，同时需要暂时牺牲和放弃一定程度的个人自由，在总体上有助于维护社会的公共利益和公共安全。

现代刑法追求的目标是坚持保护个人法益，兼顾保护集体法益，纯粹的行政秩序利益一般不应该成为刑法保护的对象。对于一些罪名，刑法加重了处罚。但有人认为刑法有重刑化的趋势，重刑化建立在刑法威慑的基础之上，“一边倒”的加重处罚并非妥当。刑法的活性化导致刑法规制范围的扩张，不应该与“加重刑罚”挂钩。在刑罚供应总量控制的情况下，分配给各罪的刑罚量均应该有所降低。

第六章　政府主导下的社会治理体系建设

政府工作和人民群众息息相关。任何一位普通公民或企业，从出生到死亡，日常生活尊法守法，可能不需要和监察机关、司法机关和军事机关打交道，但不能不和政府部门联系。如果政府机关守法、依法行政，获益最大的是社会公众；如果政府部门不守法、不依法办事，损害最大的也是社会公众。因此可以说，只有政府建设成为法治政府，社会才可能建设成为法治社会，“三位一体”建设是系统工程。

第一节　法治政府建设迭代升级
先行示范带动法治社会建设

中国共产党第十九届中央委员会第五次全体会议审议通过了《中共中央关于制定国民经济和社会发展第十四个五年规划和二〇三五年远景目标的建议》（以下简称《建议》）。全会提出到2035年基本实现社会主义现代化远景目标和“十四五”时期经济社会发展主要目标，包括未来五年到十五年，国家法治建设的发展方向和明确要求，以及在全面推进依法治国过程中具体的时间表、路线图，即2035年法治国家、法治政府、法治社会基本建成。

党的十八大报告将法治政府基本建成作为2020年全面建成小康社会的目标之一。2021年8月，中共中央、国务院印发《法治政府建设实施纲要（2021—2025年）》，明确法治政府建设的主要原则：坚持党的全面领导，确保法治政府建设正确方向；坚持以人民为中心，一切行政机关必须为人民服务、对人民负责、受人民监督；坚持问题导向，用法治给行政权力定规矩、划界限，切实解决制约法治政府建设的突出问题；坚持改革创新，积极探索具有中国特色的法治政府建设模式和路径；坚持统筹推进，强化法治政府建设的整体推动、协同发展。明确法治政府建设的总体目标：到2025年，政府行为全面纳入法治轨道，职责明确、依法行政的政府治理体系日益健全，行政执法体制机制基本完善，行政执法质量和效能大幅提升，突发事件应对能力显著增强，各地区、各层级法治政府建设协调并进，更多地区实现率先突破，为到2035年基本建成法治国家、法治政府、法治社会奠定坚实基础。新时代法治政府建设的内涵和外延与法治国家、法治社会是紧密相连、不可割裂的。如果单纯为了完成法治政府建设的任务和目标是不可能真正实现法治政府的。“十四五”时期，需要运用辩证性思维、创新性思维、系统性思维来推进法治政府建设的迭代升级。“迭代升级”是互联网术语，本义指的是在互联网中快速地推出新的产品版本满足用户的需求，避免无用功，减少风险。本书结合当前实践，主要是从法治政府由“未建成”到“基本建成”阶段再到“完全建成”阶段等视角来剖析未来我国法治政府建设如何迭代升级等问题。

一、民法典实施后的溢出效应对“十四五”时期法治政府建设的影响

2021年1月1日民法典实施以后，会产生巨大的溢出效应，不仅是影响民事活动、民事交易，影响平等民事主体的人身关系、财产关系的调整，还必然对行政机关、司法机关产生深远的影响。习近平总书记在十九届中共中央政治局就切实实施民法典第二十次集体学习时的讲话中，指出：民法典实施水平和效果，是衡量各级党政机关履行为人民服务宗旨的重要尺度。国家机关履行职责、行使职权必须清楚自身行为和活动的范围和界限。各级党和国家机关开展工作要考虑民法典规定，不能侵犯人民群众享有的合法民事权利，包括人身权利和财产权利。有关政府机关、监察机关、司法机关要依法履行职能、行使职权，保护民事权利不受侵犯、促进民事关系和谐有序。① 这深刻揭示了民法典与法治政府建设之间的关系，既表明推进法治政府建设在保障民法典中具有重要的地位和作用，也表明实施民法典为推进法治政府建设提出了新要求，注入了新动力。②

---

① 习近平：《充分认识颁布实施民法典重大意义　依法更好保障人民合法权益》，载《求是》2020年第12期。

② 石佑启：《论民法典时代的法治政府建设》，载《学术研究》2020年第9期。

（一）政府职责法定原则和民事主体行为自由原则是“一体两面”

在法治政府建设中，对公权力的控制和约束仍然是突出的矛盾和问题，有的地方政府逾越了公权力的边界，没有从“全能政府”转化为“有限政府”。比如：云南昭通市威信县政府公安局、住建局、农业农村局和市场监督管理局4个部门联合发布的《关于威信县文明养犬、禁止遛狗的通告》，禁止遛狗，发现三次以上就由公安部门直接捕杀。有的地方政府还是存在有法不依、执法不严、违法不究的情况，还有的地方政府不能执行司法机关的生效判决。政府能否依法行政直接关系到法治政府建设的进程，更直接关系到民事主体的合法权益。

（二）推行“权力清单”制度不等于“依清单行政”

“在民法慈母般的眼神中，每个人就是整个国家。”① 民法是以人文关怀为基本价值理念。民法典是坚持以个体本位，而不是坚持国家本位，以尊重和保障人权为基本遵循，相应地，政府在行使公权力时，也应当尊重和保障人权，保障人身自由和人格尊严，切实地保障和改善民生，做到“七有”：幼有所育、学有所教、劳有所得、病有所医、老有所养、住有所居、弱有所扶。满足民生“五性”的需求：做到便利性、宜居性、安全性、多样性和公正性。在此，重点是坚持以人为本、权责统一、高效便民的原则，构建以依法全面履行政府职能为导向的行政权力组织体系，推进行政执法体制改革，对政府权力、责任和负面三项清单进行适时动态调整，同时公开“非权力清单”。例如：行政指导、行政奖励、资助补贴、行政合同等非权力行政方式的适用范围和行使要求，也需要公开透明。

二、运用辩证性的思维，推进法治政府建设的迭代升级

随着法治政府建设进程的深入和推进，现阶段进入“高位盘整期”。法治政府建设应当解决所面临内生动力不足和外部压力倒逼的问题。法治政府建设既要求行政机关具有“法定职责必须为”的责任意识，具有“法无授权不可为”的界限意识，严格按照法定权限、法定程序行使权力，做到不缺位、不错位、不越位，又需要强化外在的监督和制约，防止出现

---

① ［法］孟德斯鸠：《论法的精神》（下册），张雁深译，商务印书馆1995年版。

“权力寻租”“利益输送”等滥用职权和超越职权的情形。

（一）与时俱进地适时修改和完善法治政府考评体系

需要强化考核的“指挥棒”作用，与时俱进地动态调整和完善法治政府建设的考核体系。在以“GDP”论英雄的时代，学者马怀德曾提出，法治的实施有赖于“法治 GDP”的建立。[①] 在“十四五”期间，要与时俱进地适时修改和完善法治政府考评体系，既要有科学的评价指标和分值比重，又要让考评体系随着法治政府不同发展阶段的任务和特点作出与时俱进的调整和回应。党的十八届四中全会提出：“把法治建设成效作为衡量各级领导班子和领导干部工作实绩重要内容，纳入政绩考核指标体系。把能不能遵守法律、依法办事作为考察干部重要内容，在相同条件下，优先提拔使用法治素质好、依法办事能力强的干部。”第一，在考评对象方面，重点是侧重考评领导干部的法治水平、法治思维、法治方式能力、行政执法效能、行政行为的规范（行政复议、行政诉讼败诉率等分值）。第二，在考评方式方面，建立立体化、多维度评价机制：（1）政府内部的评价体系，反映实然状态，重点评价任务完成情况；（2）专家学者的评价体系，反映应然状态，侧重评价制度构建状况；（3）社会公众满意度评价，反映服务对象的直观感觉，侧重反映的是服务对象的安全感、实际获得感、公平感、便利感等。第三，在考评数据来源方面，依托三个平台建设：行政执法信息服务平台；行政行为规范平台（包括行政复议、诉讼案件信息和规范性文件审查平台）；依法行政社会公众评价平台，建立实时公开通报和反馈机制。对法治建设水平较低的地区，应加大考核力度，通过签署党政一把手责任书、组织调整、诫勉谈话等方式推动当地法治政府建设。

（二）建立正向和负向并用的激励机制以解决内生动力不足

法治政府建设也应当积极探索法治政府建设的内生动力机制，关键是构建以法治精神、法治思维为引领的行政法治文化体系，以鼓励公职人员有担当、有作为，防止出现消极不作为等懒政、怠政、庸政情形，运用“不换思维就换人”等人事调整方式来推动法治政府建设。比如：江苏、浙江某地方政府曾设立“蜗牛奖”，颁发给那些推进重点项目不得力、履行行政职能不到位、解决群众关切问题不及时的职能部门或责任人，旨在

① 马怀德：《法律实施有赖于“法治 GDP”的建立》，载《人民论坛》2011 年第 29 期。

提高政府效能，通过负向激励方式来推动法治政府建设。同时，要建立健全与“全覆盖、零容忍”的监督体系相对应的正向激励容错机制，以激发法治政府建设的积极性和主动性。

（三）提高政务服务效能以解决外部压力倒逼的问题

1. 有来自司法机关的压力

司法机关通过行政诉讼对行政机关进行制约和监督，由于司法谦抑性、被动性、终局性的特点，在行政诉讼中，司法机关虽不能直接干预行政活动，但可以通过倒逼机制和压力传导机制来间接给政府施压。司法机关的宗旨是让人民群众在每一个司法案件中感受到公平正义，司法机关居中裁判，不偏不倚、独立行使审判权，将来自人民群众的压力以判决的形式传导给政府部门。被诟病的司法地方保护主义和行政长官干预司法运作的行政化倾向被新一轮的司法体制改革纠偏，司法机关不应再受行政权力的干扰。

2. 有来自服务对象的压力

群众在行政服务活动中，遇到“门好进、脸好看、事难办”等难点、痛点、堵点问题。党的十九届五中全会提出，持续优化市场化、法治化、国际化营商环境。好的营商环境就是生产力、竞争力。企业投诉政府部门有不公平、不平等、不高效、不便捷，甚至是吃、拿、卡、要等顽疾问题，有损法治政府的形象。社会上有“投资不过山海关、资金不入云贵川”的说法，企业家“用脚投票”，这也间接反映某些地方政府的法治大环境不够公平、公正、诚信、高效、廉洁。

3. 有来自综合监督体系的压力

还有来自体制内、体制外其他部门的监督，包括党内监督、监察监督、人大监督、政协民主监督、新闻媒体舆论监督等，法治政府建设的重点之一是构建以促进行政权力规范运行为目标的综合监督体系。

4. 有来自国际舆论的压力

在全球化的浪潮下，还有来自国际舆论的压力和监督。比如，世界银行从2003年起，每年发布《营商环境报告》国家排名数据，从2008年起，还详细提供中国30个城市有关营商环境的数据，营商环境的评估逐渐受到各级政府的重视。比如：山东潍坊在成为世界银行中国营商环境评价样本城市之后，引入世界银行营商环境所有评价指标，自上而下为各县级市、区县、开发区采用世界银行营商环境评价标准进行排名并纳入政绩考核体系中。

三、运用创新性的思维，推进法治政府建设的迭代升级

党的十八大以来，我国法治政府建设取得显著进步，《优化营商环境条例》等新法出台和实施，行政诉讼法、行政处罚法、行政强制法、行政许可法、公务员法、政府信息公开条例等法律法规已经修改，行政程序法等法律正在制定中，法治政府的建设和发展已经由“粗放式”阶段转为“精细化”阶段。据不完全统计，我国80%的法律、所有的行政法规、90%的地方性法规都是由行政机关执行的，政府执法的效能，是否严格、规范、公正、文明执法，将直接或者间接影响我国法治政府建设的成效。法治政府建设既要合法行政，做到实体法层面合法和程序法层面合法，又要满足合理行政的要求——最低限度的合理、公正要求；不仅要使政府活动在法治轨道上运行，也要对行政自由裁量权严格规制，不得滥用自由裁量权，为“权力寻租”留下空间；不仅要规范“制定规范性文件”等抽象行政行为，也要解决制度能够“令行禁止”，便于实施，优化执法流程，降低执法成本等问题。

（一）建立相应的容错纠错机制

在法治政府建设中，既要求顺应民情民意，又要求激励干部敢于担当、作为，不畏首畏尾。用创新的思维推进法治政府建设的迭代升级，关键因素在于“人”，有相应的容错纠错机制，习近平总书记在省部级主要领导干部学习贯彻党的十八届五中全会精神专题研讨班上的讲话中指出，要善于做到“三个区分开来”，即把干部在推进改革中因缺乏经验、先行先试出现的失误和错误，同明知故犯的违纪违法行为区分开来；把上级尚无明确限制的探索性试验中的失误和错误，同上级明令禁止后依然我行我素的违纪违法行为区分开来；把为推动发展的无意过失，同为谋取私利的违纪违法行为区分开来。[1]

（二）“精细化”推进法治政府建设

法治政府建设应当以精细化为目标，杜绝“以文件落实文件”和

---

① 胡俊：《落实“三个区分”破解“洗碗效应”》，载人民网2016年5月13日，http://cpc.people.com.cn/pinglun/n1/2016/0513/c241220-28349586.html。

“以会议落实会议”等务虚做法，注重社会共治，强化有限政府、有为政府、守法政府、诚信政府、责任政府的理念，改变当下法治政府建设多宏观原则性规定，少操作性制度安排的现状，摒弃“形式主义”和“官僚主义”，确保各项措施落地，各项制度切实可行。重视“公众参与治理”，在行政决策、行政立法、行政规范性文件等政府活动中设置“公众参与”环节，从源头上避免行政纠纷和行政争议，增强抽象行政行为的合法性和合理性，以提高行政效率和行政效能。另外，在特殊的紧急状态下，如何平衡“法治”和“应急”的关系、公权力和私权利的边界划分、优先保护公众知情权还是个人隐私权等问题，都是法治政府建设面临的重大挑战。

（三）推进“智能政府”和“数字政府”建设

在互联网和大数据时代，充分利用信息化、智能化手段解决法治政府建设的痛点、难点、堵点问题。比如：“只跑一次就办完所有手续”“让数据多跑腿，让老百姓少跑路”等问题，具备了一定的现实可能性，可以通过数字赋能和外包服务来解决法治政府建设人手不足、财力不够等问题。另外，通过高科技独有优势，实现政府治理能力的升级，通过大数据治理、互联网思维、人工智能网在政府活动过程中的普遍使用①，解决重大决策科学化、政务公开透明化、公共服务优质化、公众参与民主化等问题，构建以大数据应用为基础的行政权力运行监测评价体系。在“十四五”时期，应当重点建设“数字型”政府和创新型政府，以“互联网+”为抓手，强化网上政务服务能力建设，打破数据壁垒，实现数据共享，推进政务服务标准化，无差别受理、同标准办理，真正实现“智能政府”。

四、运用系统性的思维，推进法治国家、法治政府、法治社会一体建设

党的十九大报告明确提出，从二〇二〇年到二〇三五年，在全面建成小康社会的基础上，再奋斗15年，基本实现社会主义现代化。到那时，法治国家、法治政府、法治社会基本建成。法治国家是法治建设的目标，法

① 曹鎏：《推进法治政府建设应把握的重点问题》，载《学习时报》2020年10月28日，第2版。

治政府是法治建设的主体，法治社会是法治国家的基础，三者共同构建建设法治国家的支柱。单一的、孤立的法治政府建设不能适应法治建设的客观要求。

（一）法治政府建设对法治国家、法治社会建设具有示范、带动作用

持续深入推进法治政府建设要强调法治国家、法治政府、法治社会一体建设，同步实现、互相促进。党的十九届五中全会坚持和强调法治国家、法治政府、法治社会一体建设。2019 年 2 月，在中央全面依法治国委员会第二次会议上，习近平总书记再次强调，推进全面依法治国，要坚持法治国家、法治政府、法治社会一体建设，法治政府建设是重点任务，对法治国家、法治社会建设具有示范、带动作用。我国法治政府建设取得显著成效，但同时也进入攻坚期和深水区。如何进一步助力经济社会发展，需要同步解决法治社会和法治国家的系统建设问题。

（二）推行法治政府建设第一责任人制度

通过将党政主要负责人确定为履行推进法治政府建设的第一责任人，强化党政同责，不断提升依法执政水平。行政机关自身依法行政本身就是对社会成员的最好示范和宣传。要求老百姓守法，政府必须带头守法，让法治真正成为政府工作人员和社会公众共同的工作、生产和生活方式。行动中的法治、实践中的法治是推进法治社会建设的最好动力。

（三）政府主导构建以法治社会建设为目标的社会治理体系

法治社会的培育应当成为法治政府建设的基本任务之一。一个成熟的有稳定秩序的法治社会，不是只要求政府守法，老百姓可以不守法，而是各级公职人员和老百姓都自觉践行法律，尊法学法用法守法，做到法治底线不可逾越，法律红线不可触碰。党的十八届四中全会提出了“谁执法，谁普法”的责任制，赋予了政府执法部门有普法宣传的义务，重点培养公民的规则意识和契约精神，这需要较长周期的普法宣传和教育。法律不仅是维护社会成员自身合法权益的武器，还应当成为其日常行为的规范。政府应该着力构建以法治社会建设为目标的社会治理体系，大力培育法治社会，倡导社会主义核心价值观和法治文化，进而促进法治政府建设。政府信访接待部门坚持依法信访、理性信访等，不纵容“大闹大解决、小闹小解决、不闹不解决”的情况发生。地方政府以基层治理能力有效提升为重

要目标，倡导自觉守法、遇事找法、解决问题靠法、化解矛盾用法的理念。

第二节　推进党建引领基层治理机制的实证研究——以北京“街乡吹哨、部门报到”为例

2018 年 2 月，北京市委、市政府出台《关于党建引领街乡管理体制机制创新实现“街乡吹哨、部门报到”的实施方案》，着力破解城市基层治理“最后一公里”的难题，随后在 16 个区的街道乡镇同步推进“街乡吹哨、部门报到”工作。“街乡吹哨、部门报到”为解决基层“执法难”的顽疾问题，针对长期以来城市管理中存在的条块分割等问题，在条块之间建立了行政机关间的执法协作机制，强化人员力量向基层下沉，真正落实“赋权、下沉、增效”的要求。笔者在北京市某区进行问卷调查，发放和回收问卷 305 份，对问卷进行科学的汇总分析，旨在追溯问卷填写者选择的动机和原因，来进一步思考在综合行政执法体制改革视野下“街乡吹哨、部门报到”如何能够更加规范和完善。

一、“街乡吹哨、部门报到”制度的实施背景和意义

在全面深化改革和提高国家治理体系和治理能力现代化水平的宏观背景下，在全国范围自上而下推行的综合行政执法体制改革和具有首都特色的街道党政内设机构改革“街乡吹哨、部门报到”相互交织。

（一）“街乡吹哨、部门报到”是全面推进依法治国的客观要求

1. 有关政策的依据

党的十八届四中全会提出深化行政执法体制改革，行政执法是各级政府的经常性工作，直接涉及人民群众和企业、社会机构的利益。重点“在食品药品安全、工商质检、公共卫生、安全生产、文化旅游、资源环境、农林水利、交通运输、城乡建设、海洋渔业、商务等领域内推行综合执法”，要“根据不同层级政府的事权和职能，按照减少层次、整合队伍、提高效率的原则，合理配置执法力量”。党的十九届三中全会通过的《中共中央关于深化党和国家机构改革的决定》和《深化党和国家机构改革方案》提出，一些政府机构设置和职责划分不够科学，职责缺位和效能不高

问题凸显，政府职能转变还不到位；一些领域中央和地方机构职能上下一般粗，权责划分不尽合理；基层机构设置和权力配置有待完善，组织群众、服务群众能力需要进一步提高等问题，提出要“增强地方治理能力，加强基层政权建设，构建简约高效的基层管理体制”。并且，强调要深入推进行政执法体制改革，一个部门有多支执法队伍的，原则上整合为一支执法队伍，推动同一领域或相近领域执法队伍综合设置。

2. 有关法律法规的依据

根据地方组织法的有关规定，城市的街道办事处是区县政府的派出机关，不是一级政府，而是代表区县政府在本区域范围内履行政府管理和公共服务职能。同时，街道办事处作为派出机关，而不是内设的派出机构，是独立的行政机关，可以以行政主体的资格对外行使职权，并对其行为的后果独立承担法律责任。

根据职权法定的原则，行政机关的职权是由组织法和管理法规定的，我国行政管理法将行政管理权一般赋予了县级人民政府的职能部门，除法律另有规定外，街道办事处并没有独立、法定的行政执法权。

乡镇政府作为一级政权机关，根据地方组织法的规定，管理本行政区域内的经济、教育、科学、文化、卫生、体育等事业和生态环境保护、财政、民政、社会保障、公安、司法行政、人口与计划生育等行政工作。但是，县级政府有关于环境和资源保护、城乡建设这两项职权，但是乡级政府没有。但根据行政处罚法第 23 条的规定，行政处罚由县级以上地方人民政府具有行政处罚权的行政机关管辖。法律、行政法规另有规定的，从其规定。从组织管理法上说，行政处罚的管辖权在区政府的工作部门。街道办事处和乡镇人民政府管理权和执法权不对称和失衡，其结果是街乡有职责而无职权，因职责与职权不对等，导致“看得见的管不着，管得着的看不见”的尴尬局面。随着城镇化的进程，北京市有许多乡级政府被撤销，变为街道办事处，相应的职权应该有所调整和收窄。

2019 年 11 月 27 日，北京市人大常委会通过《北京市街道办事处条例》，将从 2020 年 1 月 1 日起正式施行，规定了街道办事处依法行使与居民生活密切相关且能够有效承接的行政执法权。具体行政执法事项清单由北京市政府制定并向社会公布。根据《北京市街道办事处条例》的规定，市、区人民政府综合考虑街道功能定位、区域面积、人口规模等因素，优化资源配置，整合基层的审批、服务、执法等方面力量，推动治理重心下移，推动人员力量向街道办事处倾斜。但是，这个条例的适用范围是街道办事处，目前还缺乏赋予乡镇政府享有相应执法权的法律依据，这是“有法可依”层面需要解决的问题。

（二）“街乡吹哨、部门报到”是实现国家治理体系和治理能力现代化的客观需要

党的十八届三中全会首次提出国家治理体系和治理能力现代化。党的十九大报告提出，要“不断推进国家治理体系和治理能力现代化，坚决破除一切不合时宜的思想观念和体制机制弊端”“构建系统完备、科学规范、运行有效的制度体系”“要加强和创新社会治理，推动社会治理重心向基层下移”。党的十九届三中全会通过的《中共中央关于深化党和国家机构改革的决定》和《深化党和国家机构改革方案》，要求国家、省、市、县对职能相近的党政机关实施合并或合署办公。党的十九届四中全会通过的《中共中央关于坚持和完善中国特色社会主义制度、推进国家治理体系和治理能力现代化若干重大问题的决定》提出，必须加强和创新社会治理，完善党委领导、政府负责、民主协商、社会协同、公众参与、法治保障、科技支撑的社会治理体系。加快推进市域社会治理现代化；推动社会治理和服务重心向基层下移，把更多资源下沉到基层，更好提供精准化、精细化服务。虽然在2019年3月，北京各区党和国家机构改革完成，新组建的单位挂牌成立，人员定岗定编，但是实现不同机构之间人员的融合、工作管理机制的顺畅还需要相当长的磨合时间。

基层治理是国家治理体系的基石，能否实现基层治理体系和治理能力现代化直接影响国家层面的治理现代化问题。2019年2月，北京市正式发布《关于加强新时代街道工作的意见》，明确定位街道是代表区委区政府的派出机关，对辖区党的建设、公共服务、城市管理、社会治理四个方面行使综合管理职能，对辖区内地区性、社会性、群众性工作负总责。为实现这一职能定位，将向街道赋予“六权”，包括：辖区设施规划编制、建设和验收参与权；全市性、全区性涉及本街道辖区范围的重大事项和重大决策的建议权；职能部门综合执法指挥调度权；职能部门派出机构工作情况考核评价和人事任免建议权；多部门协同解决的综合性事项统筹协调和考核督办权；下沉资金、人员的统筹管理和自主支配权，确保基层有充分的权力和更多的资源为群众办事、解决问题。以某区为例，该区的城管

人、财、物在时隔4年之后从城管执法局回归到街道办事处管理。同时，启动具有首都特色的街道党政内设机构改革。街道机构由原来的“向上对口”的25个科室和4个事业单位，精简为“向下对口”的大部制“六办一委一队四中心”12个部门。“六办”为综合保障、党群工作、平安建设、城市管理、民生保障和社区建设6个部室；“一委”指纪工委（监察组），“一队”指综合执法队；“四中心”指的是党建服务中心（对应原“社区服务中心”），社区服务中心（对应原“社保所”），政务服务中心（对应原“为民服务分中心”），网格化服务管理中心（对应原“环卫所”）。通过街道党政领导班子副职兼任主要负责人的方式，减少管理层级，推动工作力量下沉。北京市街道“大部制”改革是自新中国成立以来实施1954年《城市街道办事处组织条例》之后，街道办事处内设机构调整幅度最大的一次变革。另外，该区的特色做法是设置159名社区专员岗位，原则上由正科级干部担任，大幅提升处置城市管理问题的效能。

（三）“街乡吹哨、部门报到”是全面深化改革的现实需要

1. 有利于形成行政执法“扁平化”模式

近年来，在执法权限的纵向配置上一直强调执法权下沉，将执法权限配置给基层执法部门，以基层执法部门为主行使执法权，即所谓的“扁平化”模式。但是，基层执法部门往往囿于编制总量控制等问题，导致正式在编执法人员数量严重不足，造成基层执法人少事多，出现了执法“不作为”“慢作为”，“街乡吹哨”提供执法线索，召集执法部门，可以在一定程度上缓解基层执法人员短缺的问题。

2. 有利于发挥街乡作为基层治理属地责任的主动性和积极性

改革进入深水区，如何破解城乡基层治理“最后一公里”的难题，成为全面深化改革所要啃的硬骨头。基层管理体制矛盾突出，存在政府部门条块不统一、事权和财权不统一、上下脱节，悬浮式管理等问题，使基层治理层面的改革更是难以推进。“上面千根线，下面一根针”，基层的改革往往牵一发而动全身，是个庞大复杂的系统工程。“街乡吹哨、部门报到”改革，是旨在赋权定责、条块联动、体制机制创新层面的改革。

二、“街乡吹哨、部门报到”在基层社会治理中的法理分析

综合行政执法体制改革主要是解决“多头执法”“交叉执法”“重复

执法”导致的监管过度和“推责诿权”造成的监管缺位等难题。但实践中，执法“不作为”相比较执法“滥作为”问题而言，更加凸显。根据北京市高级人民法院的新闻发布会，近年来，北京法院审结的一审行政诉讼案件中，因行政不作为而被判决败诉的案件日益增多。

“街乡吹哨、部门报到”被界定为新型化、高级版的联合式执法，各街乡设置综合执法中心，建立统一指挥调度机制、会商协调机制、日常巡查值守机制，在解决监管缺位方面，效果明显。通过追责和问责来倒逼行政机关职能部门积极履职。但是，“街乡吹哨、部门报到”虽然成立了名义上的“综合执法中心”，但本质上仍属于联合执法，因为没有实现职权划转和人员转隶，没有成立相应的综合执法大队，距离综合执法模式还有一定的差距。调研中，对于综合行政执法体制改革主要目的之一是解决“推责诿权”，您认为改革之后还存在“监管缺位”的情形吗？选择“是”，占77%；选择“否”，占23%。这说明，行政不作为和监管缺位在基层实践当中仍然没有得到实质上的解决。

（一）以法治路径还是政策路径来推行“街乡吹哨、部门报到”的问题

结合首都特大城市治理“三级政府、四级管理”的特点，在国家行政体制和框架没有变化的情况下进行的基层改革，对于行政管理体制内的权力进行重新配置，增强街乡在基层社会治理和行政活动中的主导地位，有助于发挥地方治理的主动性和积极性。

过去，在基层治理过程中，行政权力和资源过多地集中在职能部门，街乡由于职权所限，“上面千根线，下面一根针”，没有统筹协调的平台和机制，导致基层治理难、执法难等现象，“街乡吹哨、部门报到”是对街乡赋权，尤其是对于街道办事处“行政扩权”。在调查中，认为合理的行政执法体制自上而下应该是什么类型？选择“扁平化”，占31%；选择“金字塔型”，占66%。扁平化管理是针对传统组织结构“金字塔”式管理而言的，当管理层次减少而管理幅度增加时，“金字塔型”的组织形式就被压缩为“扁平状”的组织模式。这说明，在基层工作人员认知框架下，还没有接受“街道”不再是以前的“街道”，而是被重新“赋权”，职能部门部分执法权被“分权”给了街道办事处。

现在，亟须明确的是法治思维和法治方式来推进“街乡吹哨、部门

报到”。在社会治理体制改革过程中，经常出现“改革没办法、立法没法办”的困境，由立法部门适时立法修法，推动立法决策和改革决策相协调。北京市人大常委会制定了《北京市街道办事处工作条例》，通过立法先行的模式进行顶层设计，推动改革进一步深入，解决了街道办事处“扩权”的问题。但是，乡镇政府没有进行类似街道办事处的大部制改革，如何赋予乡镇政府更多的行政执法权，是亟待解决的问题。而且，乡镇的区域面积、人口数量比城市街道办事处的规模更大，治理难度更大。

关于街乡和职能部门的协调问题，是未来行政程序法规范的主要内容，但是，我国至今未正式出台行政程序法，只有部分省市出台了行政程序规定。北京市曾出台了《北京市实施行政处罚程序若干规定》，尚没有制定出台覆盖所有行政程序领域的地方性规章。北京“街乡吹哨、部门报到”关于条块协调的这种模式可以为将来制定出台国家层面的行政程序法提供可供参考的范式。当然，已经纳入国家行政立法日程上的行政程序法，在制定之后，也为“街乡吹哨、部门报到”提供更加明确和细化的法律指导规范。

（二）行政责任主体和行政应诉主体是二元制还是一元制的问题

目前，各区街乡综合执法中心，主要采用的是各执法机构派驻执法人员的方式，发挥的还是组织、统筹、协调的作用，并非是成立专门的执法大队，由乡镇或街道直接负责执法。一旦产生执法纠纷，比如行政强拆类案件，因为拆除违法建设时间紧、任务重，导致无法按照正常的拆违流程进行，经常被迫采取强拆的方式，由此带来的诉讼风险，一般是由城管等职能部门承担行政责任，不是由各区街道办事处或者乡镇政府承担行政责任，这涉及执法主体资格的问题，成都市也有类似的做法。①

各区街乡执法综合中心，负责整个联合执法工作，但是具体产生的法律责任情形，应区别对待。如果是具体执法过程中，某行政机构执法人员有过错而引发复议、诉讼，应当由该执法机构负责。如果是在统筹、协调层面发生问题，导致联合执法引发问题，应当由各区街乡执法综合中心承担责任。

---

① 白杨、陶进华、黄仕红等：《成都市城市综合行政执法相关问题研究》，载《成都行政学院学报》2018 年第 5 期。

（三）关于权责是否法定和对等的问题

街乡指挥和调度区级职能部门，过去想也不敢想。“哨子”交到街乡手上，到底能不能吹响？如何才能吹响？是吹响一阵子，还是形成长效机制？为切实提高基层执法工作的规范性，需要制定街道和职能部门职权清单制度。

依据《北京市街道办事处条例》，从立法上赋予街乡管理执法主体资格。按照条例的规定，街道办事处按照“大部制”“扁平化”的思路，进一步理顺街道办事处与职能部门的关系，实现重心下移、资源下沉、权力下放、权责统一，《北京市街道办事处条例》明确街道办事处同职能部门的关系。明确职责清单，让街道办事处不再是个啥都往里装的“大箩筐”。设立街道办事处职责清单和职责准入制度，依据法律、法规的规定确定街道办事处具体职责。街道办事处职责清单由北京市政府向社会公布。各个区级政府可以结合本区实际细化职责清单。未经市、区人民政府批准，街道办事处不承担市、区人民政府工作部门下达的其他职责。未经北京市政府审核批准，街道办事处职责清单以外的事项不得交由街道办事处办理。除党中央明确要求实行派驻体制的机构外，街道办事处对区人民政府职能部门设在街道的派出机构实行属地管理。对于跨地区、跨部门的事项，由街道办事处统筹调度市、区人民政府职能部门及公共服务企业办理。

以海淀区为例，海淀区初步拟定了街道党工委和办事处、镇党委和镇政府两张职责清单，其中街道级清单事项140余项，镇级清单事项170余项，作为街镇履职的依据，区级相关部门与街镇间事权、职责界线的底单。比如，在实践中，消防安全工作的职责部门是公安消防部门，但是实际上，消防安全工作却下沉到街道办事处，被考核的是街道办事处，公安消防部门反而成为监督部门来督查考核街道办事处。因此，下沉到街道的事项，必须由街道考核，年底不能再由职能部门来考核街道。街道考核职能部门必须落到实处，有明确的目标和结果，不能软弱空洞。

（四）关于行政成本和行政效率的问题

1. “吹哨”事项“泛化”导致责任传导和转移到职能部门

“街乡吹哨、部门报到”在哨源上，有多种来源，在调查中，选择“12345热线信息”，占36%；选择“协管员、小巷管家、街巷长等反馈的信息”，占30%；选择社区专员反馈的信息，占32%；选择其他，如居民群众反映的信息占2%。在管理上，北京各区都有鲜明的特点，如“朝阳群众”“西城大妈”“石景山老街坊”等志愿服务队伍。

对于基层社区积压已久的“老大难”社会问题。比如治理违章建设、拆墙打洞等，往往涉及多个部门，而行政机关之间的内部协调程序烦琐拖沓，导致行政机关对外回应社会关切的能力不足。在调研中，“街乡吹哨、部门报到”，哪类问题是解决难度最大的？选择“来自12345热线信息，居民提出的无法解决、非理性诉求”，占32%；选择“长期以来的条块关系不顺”，占16%；选择“疏解整治促提升中的拆迁违建”，占18%；选择“区级街道层面无法解决的问题”，占26%。这说明，在社会利益多元化的背景下，行政职能部门在基层化解社会矛盾的能力存在巨大的挑战。

2. 街道的“属地责任”演变为“无限责任”

“吹哨报到”使得属地责任越来越突出，职能部门“谁主管谁负责”有弱化的倾向，有的还出现“吹哨才动，不吹不动”等问题，而街乡的属地责任则放大，变为无限责任。在调研中，发现有属于职能部门的职责，本应“谁的孩子谁抱走”，却推给了街道的现象。相关职能部门之间有推诿扯皮的现象，如何调动资源，不能只靠“吹哨”机制，还应有相应的配套措施。比如“费随事转”，下放财权等。实施“街乡吹哨、部门报到”后，压力应当层层向上传导，不能使履行属地责任的街乡，成为击鼓传花的最后一棒。

3. 职能部门“报到”流于形式，存在敷衍塞责

“街乡吹哨、部门报到”，需要对报到的职能部门提出明确的要求，职责明确属于职能部门的事项，不能下沉到街道。报到的人员应该是能拍板的主管领导，或者是懂业务的人员，以便及时解决问题，不能走过场，不能应付了事。比如，只派一名普通工作人员，“人到权不到”“腿来头不来”“出人不出力”，还要回去请示，耽误解决问题的时机。还有的职能部门报到存在随意性，频繁调整人员，造成掌握情况不完整不连续，配合的默契程度不够，影响了联合执法的效率。另外，出于组织效率最大化的考虑，在经济下行压力增大情形之时，各级财政过“紧日子”的动员之下，行政成本也是需要考量的重要因素之一。

三、对于提高社会治理效能的启示与思考

按照《法治政府建设实施纲要（2021—2025年）》的要求，目标是到2025年，将政府行为全面纳入法治轨道，职责明确、依法行政的政府治理体系日益健全，行政执法体制、机制基本完善，行政执法质量和效能大幅提升，突发事件应对能力显著增强，各地区、各层级法治政府建设协调并进，更多地区实现率先突破，为到2035年基本建成法治国家、法治政府、法治社会奠定坚实的基础。法治政府和法治社会建设任重道远，不是一夕之功。在基层实施“街乡吹哨、部门报到”，对于提高社会治理效能具有以下启示。

（一）应为基层社会治理提供法治保障

应当将制度上的顶层设计和基层实践探索结合起来，形成“由实践上升到理论，由理论再到实践”的闭环。“街乡吹哨、部门报到”涉及三类行政主体，街道、乡镇和职能部门。另外，还涉及党委部门、基层自治组织等主体，需要能够契合和融入已经存在的机制和体制，通过全盘规划和及时总结经验，实现多个主体之间的良性互动。党委部门提出以党建引领“街乡吹哨、部门报到”，主要从党建层面来推行“街乡吹哨、部门报到”。但是，为了建立长效和常态化机制，需要将“街乡吹哨、部门报到”纳入法治化轨道。

（二）应构建简约高效的基层治理体制

加快推进行政执法体制综合化改革，建立扁平化、网络化和互联互通的城市行政执法体制，进一步构建简约高效的基层治理体制。在《深化党和国家机构改革方案》中，提出要整合组建市场监管综合执法队伍，生态环境保护综合执法队伍，文化市场综合执法队伍，交通运输综合执法队伍，农业综合执法队伍，与此相对应，区级层面重点在上述领域成立综合执法队伍，派驻到乡镇或街道，作为街乡综合执法中心的执法力量来源，对既有的派驻街乡的城管综合执法队伍形成补充。“街乡吹哨、部门报到”与综合执法的改革理念相适应，可以避免执法力量来源的分散，简化程序，降低统筹、协调难度。在调研中，“街乡吹哨、部门报到”，对于推动从“联合执法”向“综合执法”转变，制约因素有哪些？选择“关于综合执法的地方性立法滞后”，占24%；选择“执法力量不足”，占23%；

选择“综合执法的工作流程不够优化”，占20%；选择“综合执法平台作用没有发挥出来”，占17%；选择“综合执法难于长效化、常态化”，占16%；这反映了基层在综合执法方面要“有法可依”，要完善修改相应法律法规。

（三）应稳妥推进街道大部制改革，激发基层社会治理的内生动力

“街乡吹哨、部门报到”具有特定的适用性。北京市在“街乡吹哨、部门报到”中明确了适用边界，主要适用于综合执法、应急处理、中心工作（如疏解整治促提升）三个复杂的公共事务领域，占基层事务的10%左右。在城市基层治理中，占比90%左右的街道和乡镇自身职责范围内行政事务不是“街乡吹哨、部门报到”的适用范围，专业化、部门化管理模式在公共事务管理中仍然发挥着重要的作用。

如果把街道和乡镇自身职责范围内能处理的行政事务纳入“吹哨报到”范围，容易形成“乱吹哨”“不作为”的现象。对于街乡解决不了的复杂公共事务，才应当启动“街乡吹哨、部门报到”机制。为此，应当提高“吹哨报到”的精准度，建立三级过滤机制。经过三级过滤之后，仍无法解决的问题，才需要启动“街乡吹哨、部门报到”机制。

根据国务院新闻办公室发布的关于2018年全国行政复议的报告，全国县级以下基层政府的执法行为引发的行政复议、诉讼案件，占全部行政复议、诉讼案件的比例均超过五成。① 在调研中，对区级政府也解决不了的复杂公共事务（如跨区、市政有关公共服务），是否应该构建“区级政府吹哨、市级部门单位报到”机制？选择“非常有必要”，占71%；选择“一般”，占8%；选择“没必要”，占18%。这反映了基层治理除了“向下延伸”以外，还要“向上提升”，以问题为导向，提高统筹的层级，需要对区级政府也解决不了的复杂公共事务（如跨区、市政有关公共服务），也要相应构建“区级政府吹哨、市级部门单位报到”机制，实现向“扁平化”“现代化”治理方式转变。另外，还应该借助大数据等科技力量的支撑逐步过渡到“群众吹哨、部门报到”“党委吹哨、部门报到”等多种形式，最大限度地激发社会治理的内生动力。

---

① 《新闻办就2018年全国行政复议、行政应诉情况举行发布会》，载国务院新闻办公室网2019年3月26日，https：//www. gov. cn/xinwen/2019 －03/26/content_ 5376998. htm。

（四）应以考核和问责来倒逼“街乡吹哨、部门报到”的责任落实

依据《北京市街道办事处条例》的规定，区级政府统一进行街道办事处工作考核，建立以辖区居民满意度为主、以居民委员会和区人民政府工作部门评价为辅、监督检查和第三方评估相结合的考核制度。区级政府应当对街道办事处依法履行职责情况进行监督检查，将检查结果纳入法治政府建设考评指标体系和年度绩效考评体系。

以某区为例，建立了“区考核块，块考核条”为主要方式的考核制度，明确了由区委区政府统一组织对街道和乡镇进行考核，全面取消各部门对街道的单独考核，变为由街道考核职能部门。在调研中，来自街道工作的人员反映，应该建立一个考核回访机制，如每年、每半年、每季度由区相关部门统计“吹哨报到”情况的落实情况，对配合的单位予以肯定，对不配合的单位及个人给予批评和问责。在调研中，对街道干部来说，最大的压力主要来自哪里？选择“每月通报 12345 热线群众诉求办理情况”，占 32%；选择“区政府绩效考评和排名”，占 26%；选择“来自职能部门的考核”，占 19%；选择“问责机制”，占 21%；其他方面还有“过多的考核指标，不合理的任务”，占 2%。这说明，通过工作机制的创新，建立权责相统一的责任追究制度，使基层执法工作人员确实感到有压力和紧迫性。随着行政环境的不断变化，新生事物层出不穷，早年颁布的行政法律法规已不能适应新的行政环境的需要，尤其是关于行政程序、行政问责、行政监督等方面的行政法规要进一步完善。①

第三节　在法治轨道推进基层社会治理的实践探索——以首都“接诉即办”为例

党的十八大以来，习近平总书记对首都工作高度重视，10 次视察北京，18 次对北京发表重要讲话，亲自谋划，亲自部署，亲自推动一系列重大发展战略和重大改革措施。“建设一个什么样的首都，怎样建设首都”，并且明确了北京“四个中心”的功能定位和“四个服务”的职责要求，这

① 周德祥：《依法治国视阈中的服务型政府建设——基于行政法治视角的分析》，载《陕西行政学院学报》2018 年第 4 期。

些都为北京治理工作指明了方向。比如：关于首都基层治理制度，建设和管理好首都是国家治理体系和治理能力现代化的重要内容，要坚持“城市是人民的城市，人民城市为人民”，以北京市民最关心的问题为导向，提出解决问题的综合方略；实施好新版城市总体规划，突出政治中心、突出人民群众是最重要的两条要求；北京要探索构建超大城市的治理体系，城市管理要像绣花一样清晰，越是超大城市，管理越要清晰等。北京市深入贯彻习近平总书记对北京重要讲话精神，在北京市第十五届人大常委会第三十三次会议上，通过了《北京市接诉即办工作条例》（以下简称《条例》），成为国内第一部规范接诉即办工作的地方条例，标志着接诉即办改革从实践探索阶段进入法治化发展的新阶段，意味着通过立法将改革实践中证明行之有效、人民群众满意的经验，上升为地方性法规，以法治方式固化改革成果。

笔者就“在法治轨道推进基层社会治理的实践探索”课题曾到北京市市民热线服务中心、某区城市管理指挥中心、职能部门、街道等地调研座谈，本书突出问题导向，实事求是地从法治的角度剖析深层次的问题，并提出相应的建议。

一、北京接诉即办工作的成效和经验

北京市委市政府坚持“民有所呼、我有所应”，积极探索超大城市组织模式，从“街乡吹哨、部门报到”延伸到“接诉即办”，由“接诉即办”深化到“主动治理”，在首都基层治理体系和治理能力现代化的探索中形成了生动实践。2018 年，北京市启动“党建引领吹哨报到”改革，通过赋权、下沉、增效，推进治理重心下移、执法力量下沉，构建了简约高效的基层治理体制，树立了到基层一线解决问题的鲜明导向；2019 年，市委提出推动“吹哨报到”改革向“接诉即办”深化延伸；2021 年，市委提出推动改革从“有一办一”向“举一反三、主动治理”深化。这三个阶段一脉相承、有机融合，逐步形成了接诉即办工作的整体布局。据统计，2019 年以来，12345 热线整合北京市 50 余条政府服务热线，将全市 16 个区、343 个街道乡镇、市级部门和公共服务企业全部接入 12345 热线平台系统。累计受理群众来电 5199 万余件，达到 100% 响应率、93% 解决率、94% 满意率。

（一）接诉即办工作是习近平法治思想坚持以人民为中心基本立场的生动实践

《条例》以地方性法规形式将接诉即办工作要求和经验完善固化为法律制度，厘清解决群众急难愁盼事情的流程和机制，这是发挥了“立法先行”的保障和引领作用，也是探索基层治理体系和治理能力现代化建设的创新。《条例》是以人民为中心的“为民服务法”，是固化改革成果的“制度保障法”，是破解难点痛点的“深化改革法”，是具有北京特色的“首都原创法”。《条例》第3条规定，接诉即办工作坚持以人民为中心的发展思想。立法把为民服务从宗旨理念变成各级各部门和党员干部必须履行的法定义务。接诉即办工作体现了人民至上的理念，贯彻了群众路线，在超大城市治理中由外在动力、自下而上地倒逼机制来提升治理效能。

（二）接诉即办工作是法治政府职权法定的延伸和拓展

按照政府职权法定的原则，政府部门在各自的职权范围内依法行政，而社会民众到政府办事时，遇到事情不知道应该找谁来解决、谁能够妥善解决，群众往往反映“门难进、事难办、脸难看”，随着建设服务型政府，群众反映“门好进、脸好看”，但是“事难办”。通过12345市民热线电话，建立了一个民众直接找政府、一次找政府的渠道和机制。通过平台派单，加上“吹哨报到”，建设高效有为型政府，在政府系统之间形成一张互联互通网，有利于实现多元共治的格局。《条例》建立分级分类快速响应机制：按照2小时、24小时、7天和15天四级处置模式。按照“属地管理、分级负责，谁主管、谁负责，依法依规，谁办理、谁答复”的原则，全天快速响应。对于突发事故、不稳定因素以及可能造成群众生命财产损失等诉求是2小时，涉及水电气热等群众基本生活保障的诉求，是24小时之内，其他事项的诉求，按照事件轻重缓急，普通诉求在7天之内，复杂疑难诉求在15天之内。办理时限的规定对于行政部门提出了更高要求，对于不作为、慢作为，也有细化的责任条款。

（三）接诉即办工作机制是实现“精治、共治和法治”相统一的有效途径

接诉即办的功能不是简单的行政管理或政务服务范畴，还需要从社会治理的高度、从实现基层治理能力和治理体系现代化的角度来宏观考虑。以接诉即办为桥梁和纽带，人民群众不再局限于定位为问题的“发现者”

"投诉者"，更主动成为问题解决的"参与者""推动者"，不是单向的"被服务对象"，更成为参与治理的"主人翁"，这有利于实现人人共治、共享、共建的社会治理格局。《条例》固化了北京的社会治理改革成果，从赋权、下沉、增效到多元化主体协商共治、主动治理，积极动员全社会广泛参与首都治理，推动形成"共治、精治、法治"的北京样本。

二、推进接诉即办工作所面临的深层次法律问题

新时代社会治理需要"破旧立新"，避免传统管理模式的弊端。在制定《条例》的过程中，特别针对"机构归口不一、责任层级不明确、受理边界不清、恶意和不合理诉求、基层权责不对应、社区办理压力大、央地军地协同难"等问题，有了具体的新规定。但是，接诉即办工作在实践过程中除了派单不准确、部门统筹协调难、复杂诉求办理难等反映集中的旧问题外，同时遇到了一些新情况和新问题，暴露了深层次矛盾和冲突。

（一）《条例》与其他法律法规的衔接和竞合问题

在实践部门有人认为，《条例》是原创的、开放式立法，没有上位法。这个观点是比较偏颇的，在《条例》第1条只是笼统地讲，根据有关法律、行政法规，结合本市实际，制定本条例。虽然没有明确《条例》的上位法是具体哪部法，但显然按照立法技巧和惯例，明确本法是有上位法的。上位法是有关法律、行政法规，语焉不详，模糊不清，存在一定的解释空间。因为接诉即办工作几乎涉及所有的行政机关。所以，行政机关既要遵循《条例》，也要遵循行政法规和国家部委的行政规章，这个属于法律适用时法条竞合，涉及条块之间的隶属关系。

依据我国法律效力等级：宪法 > 法律 > 行政法规 > 地方性法规 > 政府规章，《条例》作为地方性法规，在与市政府规章及其他规范性文件相冲突的时候，效力高。但是，《条例》与国家部委的行政规章相冲突的时候，效力孰高孰低，仍不确定。但是，作为基层一线行政机关，比较稳妥的做法是优先遵循在全国范围内适用由国家部委制定的行政规章。比如，以财政部门的政府采购为例，针对政府采购不服的投诉，有《政府采购质疑和投诉办法》（财政部第94号令），有法律规定的救济渠道和受理时限，其中，第10条规定，供应商认为采购文件、采购过程、中标或者成交结果使

自己的权益受到损害的，可以在知道或者应知其权益受到损害之日起7个工作日内，以书面形式向采购人、采购代理机构提出质疑。第17条规定，质疑供应商对采购人、采购代理机构的答复不满意，或者采购人、采购代理机构未在规定时间内作出答复的，可以在答复期满后15个工作日内向本办法第6条规定的财政部门提起投诉。规定投诉期限是7+15+5个工作日，而《条例》是7个工作日，这里的办理期限明显存在冲突，按照特别法优于一般法的原则，应该是遵循7+15个工作日的办理期限。又如，《北京市司法行政机关律师和律师事务所投诉处理办法（试行）》第7条规定，司法行政机关应当自收到投诉材料之日起10日内，作出是否受理的决定，并告知投诉人。决定不予受理的，应当书面告知投诉人不予受理的决定和理由。第24条规定，司法行政机关受理投诉的，应当自投诉受理之日起60日内办结；情况复杂，无法在规定期限内办结的，经行政机关负责人批准，可以延长办理时限30日，延长的决定和理由应当在时限届满前书面告知投诉人和被投诉人。这与《条例》办理期限明显存在着冲突，按照特别法优于一般法的原则，应该是遵循10+60个工作日的办理期限。

另外，《条例》第11条规定了六种排除情形，对于“不该办理”的问题“怎么办”？例如：涉法涉诉，通过市场化手段解决；不属实诉求，职业打假人、索赔人等恶意举报人等。怎么判断是普通消费者还是职业打假人等恶意举报？具体是派单到市场监管部门，主要由市场监管部门依据消费者权益保护法、产品质量法等法律来认定？还是直接不予办理？目前，市委市政府出台了可以剔除的情形等细化的相关规定，但是办理单位申请剔除的成功率只有40%，并不是只要申请就能剔除。

（二）按照《条例》行政机关作出的回复和办理，不属于行政诉讼的受案范围和行政复议的受理范围

行政机关违反《条例》的行为，是否会是引起“民告官”行政诉讼？《条例》实施后，行政机关工作人员对于法律诉讼的潜在风险，有些工作人员尚存疑虑。依据《条例》作出的对公民、法人或者其他组织权利义务产生了实际影响的行政行为，可能会涉诉。《政府信息公开条例》会要求有信息公开职权单位依法公开关于执行《政府信息公开条例》的政府信息。目前，尚没有相关媒体公开报道，有与《条例》相关的行政诉讼案例。在行政法上，接诉即办确实属于行政救济性质的行为，如果承办单位有超期答复、久拖不决等行为，事实上造成了行政相对人实际权益的影响，属于什么性质的行政行为？从法理上讲，不应该属于行政诉讼的受案范围，在此可以参照信访，明确不作为行政诉讼的受案范围，目前，需要市级司法部门和法院的权威解释和说明。

（三）在规定时限内“想办好”与“办不了、办不好”的矛盾

市民诉求呈现由单一到繁杂的变化趋势，主要包括：权责混杂难题；历史遗留顽疾；“大城市病”痛点问题；疫情防控弹窗等衍生问题等。按照是否合理和能否解决为标准，运用“四象限”分析法，所有的诉求可以划分为四类：合理且能解决的诉求；不合理而且不能解决的诉求；不合理诉求却非要解决的诉求；合理但解决不了的诉求。客观上确实存在一定数量合理但解决不了的诉求，存在“诉求合理”与“没有政策和法律依据，难于解决”的现实矛盾和困境。实践中，确实存在“该办、想办好但办不了、办不好”的难题。比如，街道社区因属地责任，会接到许多超出基层能力范围的派件，将投诉因健康宝弹窗不能进入北京站的问题派单给属地街道社区，但超出其职能范围，街道社区除向上反馈和说明解释工作外也解决不了，导致这类投诉解决率低，满意率低。需要挂账解决的诉求主要有：无政策依据、不符合现行政策的诉求；与城市规划或区域发展阶段冲突的诉求；需要上级支持配合的诉求；符合群众多元化需求，但短期内难以解决的诉求。这些问题是长期得不到解决、成因错综复杂的历史遗留问题，短期内很难有根治的思路和策略，并非某个单位浅层次回复就能让人满意，有待暂缓挂账系统治理。另外，有一些与政府公权力关联不大的个人诉求、经济纠纷和民事侵权等，仍挤占大量社会资源和公共资源来处置，却没有严格区分、明确排除。

（四）职权职责难以清晰界定导致派单回退率高

《条例》原则性笼统地规定了各级政府的职责、街道（乡镇）职责、承办单位的职责。厘清职责边界的目的是不同主体各司其职、依法行使职权，保障条块协同联动。派单目录由市政务服务部门会同有关单位制定，并动态调整。

但是，真实情况错综复杂。因为人员流动，事务边界具有跨域性，职责分工存在差异性，实际派单回退率较高，个别单位超过 50%。派单回退率较高的表面原因是派单不准，但深层次的根源在于派单单位对于职责职

权界定不清，划分不明，导致出现有的部门推责诿权，把派单当作“烫手的山芋”。目前的派单主体基本是北京市各区的政务服务部门，或者城市管理指挥中心（原来的网格化中心），或者是北京市市民服务中心，要准确界定这个事项归哪个部门来办理，涉及职权和职能界限清楚划分的问题。一般来说，政府部门之间的边界，属于专业性比较强的问题，通常由组织部门和编办来统一界定，苛求北京市 12345 话务员准确派单，也不符合客观实际情况。《条例》第 12 条规定，承办单位对职责、管辖等有异议的，可以向市民热线服务工作机构提出；市政务服务部门应当建立派单异议审核机制，协调解决派单异议。

（五）接诉即办工作与信访工作存在此消彼长的替代关系

《条例》中对接诉即办的定义是指：本市对自然人、法人或者其他组织等诉求人提出的涉及本行政区域的咨询、求助、投诉、举报、建议等诉求给予快速响应、高效办理、及时反馈和主动治理的为民服务机制。第 11 条第 2 项规定，依法应当通过或者已进入诉讼、仲裁、纪检监察、行政复议、政府信息公开等法定途径和已进入信访渠道办理的事项，告知诉求人相应法定渠道。《信访工作条例》第 17 条规定，公民、法人或者其他组织可以采用信息网络、书信、电话、传真、走访等形式，向各级机关、单位反映情况，提出建议、意见或者投诉请求，有关机关、单位应当依规依法处理。采用前款规定的形式，反映情况，提出建议、意见或者投诉请求的公民、法人或者其他组织，称信访人。其中，“建议和投诉”是信访受理和接诉即办办理的共同范围，存在一定的重合与交叉。但是，对于已经进入信访渠道办理等不再属于接诉即办事项的，在接诉即办时缺乏分流或其他合理处置措施；有数据显示，自 2019 年开展接诉即办工作以来，信访量急剧下降，信访率减少的一个重要原因是部分信访人认为打“12345”电话比信访管用，把拨打 12345 热线作为表达信访诉求的新手段，使得接诉即办一定程度上替代了一些复杂信访积案的接访功能。这类诉案的办理几乎不可能使诉方满意，如不能有效过滤、筛选，不加区分地下派，势必大量占用接诉即办的行政资源去应对诉求方的缠访甚至闹访，不仅无法保证满意率，还会影响政务系统的高效运转。在实地调研中，确实存在长期信访人的投诉，反复拨打 12345 表达同一诉求，造成了行政资源的浪费和行政效率低下。

接诉即办发挥和替代了信访的作用，两者是此消彼长的关系，而不是单纯设立区级信访综合接待中心、信访联席会议机制等优化信访体制机制实现的。信访制度和接诉即办的功能是什么？其功能本质上是一致的、趋同的。《条例》第2条规定，本市建立接诉即办制度，围绕“七有”“五性”，坚持党建引领“街乡吹哨、部门报到”接诉即办，及时回应人民群众急难愁盼问题，为公众参与社会治理和公共政策制定提供信息渠道和有效途径。第2条表明了接诉即办的功能定位是公众参与的渠道和途径。12345市民热线最早是设立在信访部门之下，后来归为接诉即办的平台。但是，两者也存在一定的差异。化解信访矛盾，真正发挥信访的政治参与、权利救济、权力监督、矛盾化解等功能，主要从源头上解决信访矛盾，推动“治理信访”向“信访治理”回归。而信访不仅具有化解社会矛盾、维护社会秩序的功能，实际上还发挥着社会兜底功能。比如：上海市信访办加挂了“人民意见征集办公室”，恢复了信访的本来面目。

（六）接诉即办与保护诉求人隐私权之间的冲突

《条例》共计4处提到个人隐私。第8条规定，诉求人提出诉求不受非法干预、压制和打击报复，企业正常生产经营活动不受非法干扰，涉及的个人隐私、个人信息、商业秘密等依法受到保护。第11条第4项规定，涉及国家秘密、商业秘密、个人隐私的，向诉求人做好解释工作。第28条规定，在保守国家秘密和保护商业秘密、个人隐私的前提下，利用大数据、云计算、人工智能等科技手段，开展数据动态监测，提出分析建议，为科学决策、精准施策提供数据支持。第35条第4项规定，各有关单位在接诉即办工作中有下列行为之一的，由其上级机关责令改正；造成不良影响或者后果的，由监察机关或者公职人员任免机关、单位，对负有责任的领导人员和直接责任人员中的公职人员依法给予处分：泄露国家秘密、商业秘密、个人隐私。在制定《条例》时，是以最大限度地保障诉求人的权利，合理表达其诉求为目的，没有设立诉求范围和限制，没有要求实名制，更不设黑名单。

但是，在实践中，仍听到有关泄露个人隐私的真实案例，因为投诉时预留了电话号码，而电话号码又是实名制绑定，所以由电话号码追溯到投诉的个人，由诉求人所在的单位领导或者对其有实际影响力的人做工作，要求其在电话回访时给予满意答复，以提高满意率，这显然违背了接诉即办工作的出发点和目的，发生了权力“异化”现象。

（七）接诉即办工作考核导致严重“内卷”

从2021年开始，为了突出接诉即办的改革色彩，北京市在市委全面深化改革委员会下设立专项小组，统筹推动该项改革。在这一机制的推动和带领下，调动了北京市各区区委书记、市直部门党组（党委）书记、343个街道乡镇书记、3400多个社区书记，这种做法被形象地称为“书记抓，抓书记”，“三率”考核排名，“部门+行业”联合考评，增设“万人诉求比”“基数诉求比”观察指标，“七有、五性”综合评价，组织部门把“接诉即办”工作情况纳入各级领导班子和领导干部日常考核，纪检监察机关开展专项监督，对群众诉求办理不作为、慢作为现象严肃执纪问责。实践中，排名基本上很难有较大的区分度，而且即使是后十名得分也往往是90分以上，类似“末位淘汰”的压力，考核部门权力傲慢，被考核部门将负面紧张情绪层层传导到个体，调研中普遍反映接诉即办工作太难做。

调研中各单位普遍反映，当前接诉即办工作压力巨大，特别是随着市民诉求呈现个性化和差异化，基层工作人员即便付出大量时间和精力仍不能取得诉求人的理解，使一线工作人员长期承受巨大的心理压力。此外，作为窗口工作人员，在加班加点了解核实和沟通交流后，诉求方仍不满意甚至恶言相向，基层工作人员会不同程度产生委屈和无助情绪，影响其工作积极性。对于接诉即办工作考核，在制定之初，一直都是各方争议较大的焦点问题。

三、以法治思维和法治方式推进接诉即办工作的建议

《北京市接诉即办工作条例》只有38条，5100多字，而成文法具有不周延的特点，《条例》不可能穷尽和涵盖所有的现实问题，不可能预测和解决所有新出现、新发现的问题。比如，考核“层层加码”、压缩办理时限（由7天变为5天）等问题。实操部门需要坚持的是，用“法治思维和法治方式”而非“运动式”“人治”方式推进接诉即办工作。

（一）把“主动治理”进一步升级为“智慧治理”

根据《条例》所确定的系统治理、补强治理、前瞻治理、动态治理、源头治理等原则，推动“治理重心下移、行政权力下放、治理力量下沉”，从政府“端菜”变为群众“点菜”，从“大水漫灌”变为“精准滴灌”，

对数据进行动态监测，把“主动治理”进一步转向“智慧治理”。依托接诉即办大数据推进社会治理，提升决策、监管、创新水平，需要深入探索。要聚焦重点问题，定向精准发力，发挥接诉即办大数据对政府、对社会、对市场的积极作用，进而推进治理模式升级转型。持续推进智慧治理，需要建立高效的统筹机制、强有力的领导机制和顺畅的协调机制，特别是加强市级层面的高位统筹，增强与中央在京单位和国际组织的协调联动，是实现智慧治理的基础保障。

（二）疏解基层工作者的情绪和压力是当务之急

优化考评机制，科学设定考评指标，调动和保护基层干部的工作积极性，将容错纠错机制落到实处，让群众的获得感和干部的成就感、价值感形成互动的良性循环。有必要将接诉即办总体数据和工作量，作为机构改革、编制配置、财政保障的重要考量因素，真正把社会治理、社会服务重心向基层下移，推进乡镇街道层面的新型综合执法改革，“权随事走、人随事调、费随事转”，把更多资源下沉到基层，向社区、网格延伸，到一线去解决问题。

（三）优化接诉即办工作考核指标体系

《条例》第32条规定，本市建立健全接诉即办考评制度，制定考评办法。北京市政府提出要建立考评负面清单，对不合法、不合理的诉求不纳入考评，由相关部门做好群众工作，客观公正地开展每月评比和排名。负面清单包括：进入法定途径；通过市场、行政调解解决；不符合政策要求；重点专项整治；不认可执法过程或结果；党务、人事管理诉求；不属实诉求；违背公序良俗等。设立办理、考评机制是以人民满意、解决诉求为目标，但“三率”判断标准本身是以电话回访诉求人为基础的，具有一定的主观性。考核指数由“响应率10%、解决率50%、满意率40%”构成，出现了满意率比解决率高的“倒挂”现象，应当更为合理客观地调整“三率”权重。《条例》如何处理主观感受“不满意”与客观上要求“依法办理诉求”的关系，平衡合法依规使用政务资源、化解基层压力与引导诉求人合理预期的关系，在此，应该注意“民粹主义”的倾向，引导当事人以合法、合理的方式表达诉求，对于难以达成共识的问题，可以以谋求最大公约数的方式化解，而不是执着于纯利己主义的方案，浪费大量的政府公共资源。

有一些应纳入的事项诉求尚未完全纳入考核指标体系，导致接诉即办大数据还不够全面、完整。对此，制定《2022 年度北京市接诉即办考评实施办法》，接诉即办改革应继续扩大适用范围，除了新增的重点工程建设项目、营商环境优化等专项考评，还应拓展到复工复产、疫情常态化应对等领域。学习深圳等地的重要经验，政务热线服务大众创业、万众创新。接诉即办工作不仅局限于了解民之所系、洞察民之所想，还应在更广阔的空间发挥积极作用。

（四）通过普法宣传工作提高民众的法治意识和法治素养

北京市自 2019 年开展接诉即办工作以来，针对“每月一题”所集中反映的社会重大问题，如新就业形态劳动者劳动保障、房产证办理难等问题，在解决诉求的过程中有针对性地开展相应的普法工作。政府部门要坚持在不违背法律的原则和不突破政策的红线去化解诉求，不纯粹为解决问题而解决问题，不为了片面追求满意率而超越法律的底线从而损害法律的权威。通过把法治宣传教育深度融入接诉即办工作，一方面推动群众法治观念的养成，另一方面有助于提高社会治理法治化水平，两者是“水涨船高”的互相依存关系。如果人们法治观念普遍淡薄，有法不依，缺乏规则意识，社会治理容易陷入“无序”状态。反之，人们普遍接受实质法治理念，遇到问题时不矫情、不纠缠、不闹访，积极寻求法治方式和途径来解决，那么社会秩序规范良好。通过法治宣传引导群众依法表达合理诉求，维护合法权益，有利于促进整个社会和谐稳定。

（五）出台配套的法规和规范性文件，形成科学规范的制度体系

在《条例》出台之后，针对实践中的新问题，北京市相继出台了《北京市政务服务管理局关于加强“接诉即办”群众诉求挂账事项办理工作》、《12345 热线服务与管理规范》、《关于进一步深化“接诉即办”改革工作的意见》和《关于推动主动治理未诉先办的指导意见》等制度，北京市已经基本建立接诉即办工作的框架性制度①，未来几年的任务主要是查漏补缺，细化和完善相关的具体制度。随着接诉即办工作的进一步深入，还会出现新情况、新问题和新挑战，促进北京市进一步优化原有制度，这也符合法治的一般规律，通过法治来保障改革，通过深化改革来完善法治。

---

① 李文钊：《北京市接诉即办的治理经验》，载《前线》2022 年第 2 期。

第七章　司法公平正义促成法治社会建设

第一节　新时代将社会主义核心价值观深度融入司法活动

法律的生命在于适用，法律适用不是对法律规范的顶礼膜拜，而是对自由、平等、公平、正义等法律价值的追求和认同。司法在解决纠纷时，承载着参与社会治理、引导道德风尚以及影响社会整体意识形态的职能。司法裁判对于公民、社会组织等主体的社会关系有着指引、评价、教育、强制等功能和作用。公正司法就是最好的普法宣传，通过个案的法律适用，使得“书本上”的法律变为“活生生”的法律。司法机关追求实体公正和程序公正的过程，同时是弘扬和彰显社会主义核心价值观的过程。

一、对于司法权和司法活动的概述

党的二十大报告强调，规范司法权力运行，健全公安机关、检察机关、审判机关、司法行政机关各司其职、相互配合、相互制约的体制机制。强化对司法活动的制约监督，促进司法公正。党的二十大报告首次明确了司法机关的种类，包括公安机关、检察机关、审判机关、司法行政机关四类机关，但不包括监察委员会。

（一）对司法权的界定

司法权是什么？司法权本质上是一种裁判权，司法活动的功能是定分止争和价值引领。立法权和司法权相比，立法本身是分配的正义，是利益团体斗争和妥协的产物，而司法是矫正的正义，司法裁判已经超越法律原本的计划，而对之作或多或少的修正。[①] 司法权和行政权相比，第一，司

---

① ［德］拉伦茨：《法学方法论》，陈爱娥译，商务印书馆2004年版，第246页。

法权的启动是“不告不理”，具有被动性，行政权在运行时具有主动性。第二，司法权具有鲜明的中立性，行政权有倾向性。司法中立指法院以及法官的态度不受外在因素影响的居中裁判。第三，司法权价值取向是公平优先性，而行政权的价值取向是效率优先性。司法权的运行规律和行政权运行有本质的区别。现在各级法院的墙上，基本上都能看到“努力让人民群众在每一个司法案件中感受到公平正义”标语，由此可见一斑。

司法权的性质是什么？我国是单一制国家，司法权从根本上说是中央事权。各地法院不是地方的法院，而是国家设在地方代表国家行使审判权的法院。在我国司法史上，这是中央层面首次对司法权的性质和定位作了说明，为推动全国司法统一和合理配置司法资源奠定了基础。一般来讲，除了当事人双方均在同一行政区内的以外，法院裁判只能适用全国性法律。全国各级法院裁判的效力不受地域限制，在全国都具有法律效力。近年来，在地方 GDP 绩效考核压力下，出现了司法地方保护主义的情形。有的司法机关明显偏袒本地当事人，出现了同案不同判的诉讼“主客场”现象。如果司法没有统一性和同一性，则无法实现对社会主体的平等保护和公平正义。

（二）对司法活动的界定

根据司法体制改革的要求，实行“让审理者裁判，由裁判者负责”的原则，司法审判具有亲历性的特点，法官在裁判时需要综合平衡合法性和合理性、可预测性与不确定性、正当性与公平性、形式正义与实质正义、法律效果（力度）和社会效果（温度）等因素。根据禁止拒绝裁判原则，不容许法官以针对某事件的法律不存在或不明确为由拒绝裁判，同时为使人们接受裁判结果，又要求裁判必须“依据法律”来进行。① 而在社会运行领域，司法活动所要解决的，正是社会冲突的焦点和热点问题。

在三大诉讼中，司法活动所涉及的司法主体不同，在民事诉讼和行政诉讼中，主要是法院。在刑事诉讼中，主要是侦查阶段的公安机关、审查起诉阶段的检察院、审判阶段的法院。很多研究都是将重点放在法院的裁判文书要融入社会主义核心价值观，而忽视了一些特殊、涉及民生的敏感

---

① ［日］川岛武宜：《现代化与法》，王志安等译，中国政法大学出版社 2004 年版，第 286 页。

度高、民意关注度高的案件在侦查、审查起诉阶段，如正当防卫案件，就需要作出有罪还是无罪的价值判断，是否需要刑事诉讼流程继续，是否终结案件（不予起诉、免予起诉），在刑事诉讼的各个环节都需要融入价值判断。随着社会关系的日益复杂化，司法活动出现了"刑行民交叉"的问题，在很多地方的环境法庭、知识产权法庭、海洋法庭出现了"三审合一"的趋势。

（三）冤假错案的社会影响

党的十八大以来，为树立司法权威，提高司法公信力，平反了大量的冤假错案。比如：江西张玉环案、聂树斌强奸及故意杀人案、云南杜培武故意杀人案、湖北佘祥林故意杀人案、河南赵作海故意杀人案、浙江张高平及张辉叔侄故意杀人案、福建念斌投毒案、内蒙古呼格吉勒图故意杀人案、海南陈满故意杀人案等冤假错案的平反昭雪，牵动着民众的神经与情感。

2014 年 1 月，习近平总书记在中央政法工作会议上的讲话中强调，要懂得"100 - 1 = 0"的道理。一个错案的负面影响足以摧毁九十九个公正裁判积累起来的良好形象。执法司法中万分之一的失误，对当事人就是百分之百的伤害。如何尽量避免冤假错案？首先，从造成冤假错案的体制机制入手，主要原因是公安机关 100% 的破案率，导致了一些冤假错案。其次，坚持刑诉中的"疑罪从无"原则，证据标准达不到排除合理怀疑的标准，不能定罪量刑。最后，要发挥律师辩护的作用，在刑事案件实现律师全覆盖。2022 年 10 月，最高人民法院、最高人民检察院、公安部、司法部联合出台了《关于进一步深化刑事案件律师辩护全覆盖试点工作的意见》，在促进社会公平正义方面有实质性推进。

二、新时代将社会主义核心价值观融入司法活动的功能和作用

人类社会共同体本质上是道德共同体，司法活动同样要接受道德的裁判。法官作为法律人，同时是社会人，在适用法律的过程中需要承担起解决道德难题的重任。司法实践中，由于法律的稳定性、保守滞后性、刚性、缺乏弹性的矛盾，出现了一些特殊重大疑难复杂案件的判决和与民众法感相悖的情形。有研究表明，80% 的案件都在法律的涵盖范围内，有少

数案件存在法律适用困难，在解决“合法但不合理”类问题时需要重视司法的价值考量。

（一）将社会主义核心价值观融入司法活动能够弥补成文法的局限性

司法活动中法官的权力受部门法性质的影响，在不同领域差别较大。刑事领域，强调“法无明文规定不为罪”，较强调法官的裁判严格依照法律。而民事领域，法官则有较大的自由裁量空间。在行政诉讼领域，司法机关坚持谦抑性，以合法性审查为主，以合理性审查为辅来审查和监督行政行为。可以说，在整个司法活动中，民事诉讼是法官创造性司法最活跃、自由裁量空间最大的领域。

法官裁判思维主要可以分为形式主义和现实主义两大类。形式主义认为法官应该是消极被动的，严格按照法律规范裁判。法律规范是大前提，案件事实是小前提，应用推理过程得出结论。裁判过程是适用形式逻辑的过程，法官审理案件类似智能机器人操作，输入法律和事实，出来结论。现实主义学派一定程度上抛开法律规范的形式逻辑，融入法官自己的价值观，根据现实需要并兼顾案件个性化色彩、社会主流价值、公共政策、社会习惯等，最终作出裁判结论。秉持现实主义的法官并不特别强调严格遵守规则主义。从个案公正看，现实主义思维比形式主义思维更具有优势。成文法的局限性主要表现在以下四个方面。

1. 不周延性

成文法或制定法虽力求尽善尽美，但不可能实现“天衣无缝”。人的理性终究是有限的，而现实世界却充满无穷无限的可能性。因此，再周密的法条也不可能涵盖现实世界中应被调整的所有社会关系。世界是无限的、错综复杂的，有限法条不可能穷尽列举、覆盖和预测所有可能发生的情形。任何一部法律都是有限理性的产物。成文法几乎都存在该调整而没有调整的法律漏洞和陷阱。虽然理论法学界有观点，认为司法机关不能填补法律空白，但当法律规范出现空白时，司法机关不能以此为由拒绝作出裁判，因而司法机关应当而且必须填补法律空白，这为社会主义核心价值观融入司法提供了现实操作空间。

2. 滞后性

法律是所制定时代的现实生活固化。法律一旦公布和实施，就相对滞后了，因为现代高科技日新月异，社会变迁和时代进步，人的道德观念和思维模式悄然发生变化。相对静止不变的法律，显然无法精确预测和调整在法律颁布后产生新型的社会关系，如人工智能、大数据、互联网新业态、新经济模式等技术，这是法律的保守滞后性。技术和价值之间的关系是什么？没有技术的价值是空洞的，而没有价值的技术是危险的。如果只有价值，没有技术的落实，这种价值只能飘在天空，没法落地生根，影响不了社会，改变不了人类生活，这种空洞的价值毫无意义。而没有价值的技术，一开始貌似中立，但如果缺乏正确的价值指引，这些技术可能走到反社会和反人类的方向，会具有社会危害性。

3. 不合目的性

不合目的性指的是统一抽象的规则在适用时，大部分情况下能获得正义、妥当的结果，但有些案件因为特殊性、个性化的案件事实，在适用时会得到非正义的结果。所以，这违反了法律追求正义的目的，出现了“不合目的性”。但是法治社会不允许少数人成为公平的牺牲品，即使是少数人也要得到公平公正的对待。所以，如果有法律在适用个别案件时出现不公平结果，需要有纠偏机制。纠偏往往要靠社会主义核心价值观等基本原则实现。在法律价值、法律原则和法律规则的关系不协调造成适用困难时，应当优先考虑正义、自由、平等、公正、安全、公序良俗等法律价值和社会主义核心价值，避免机械生硬地适用法律条文，出现错判或者自相矛盾的裁判。

4. 模糊性

模糊性指的是法律法条都是借助语言这个载体写出来的，而语言本身就天然地具有模糊性，因为社会世界是无限无穷的，语言词汇本身是有限的，以有限表述无限，首先肯定会一词多义，会有多种解释。语言本身的表现能力有限，它无法完全穷尽、客观地表现事物本身。所以，就算立法者是全知全能，也无法透过有限的语言表达出来，这就使以语言为载体的法律规则天然具有模糊性。纯粹的形式主义往往难以解决复杂的现实问题，因为司法实践中确定的大前提往往并不一定存在，有时某方面法律关系缺乏对应的法律规范，有时一个法律条文可以做多种解释和理解，有时同一部法律或者不同法律之间的某些法律规范甚至相互冲突。此外，作为小前提的案件事实也未必确定，同样的事实也可能作不同的界定，进而产生不同的判断结论。当出现这些情况时，就需要法官发挥能动作用，进行价值补充。从这个意义上说，完全被动的司法是不存在的。[①]

法官在司法审判之后应当在判决文书中说明裁判的法律依据和事实理由。居中裁判的法官，是游走于规则和价值、消极被动和积极能动之间的平衡者。法官内心敬畏法律，信仰法律，但在适用法律时，既不能无条件无原则地顺从法律，也不能为实现正义，无视规则，而是有独立思考和判断的“释法者”。对于法官而言，需要保持法律的稳定性、确定性和可预测性，同时需要适应社会发展，灵活处理个案，在司法中对法律的漏洞或者缺陷进行补充、矫正。从当事人的角度来看，如婚姻家庭类纠纷，法官往往审理的不是普通的案件，而是别人的人生。

（二）将社会主义核心价值观融入司法活动使得社会主义核心价值观具有刚性和司法支撑

将社会主义核心价值观和司法有机融合，使社会主义核心价值观“显性”表达出来，赋予社会主义核心价值观刚性，具有“牙齿”功能。与社会主义核心价值观相符的行为得到了法律的支撑，反之，与社会主义核心价值观相悖的行为被法律所禁止或者不予许可、保护。社会主义核心价值观所调整的对象和司法所调整的范围之间不是泾渭分明的，而是有部分交叉重叠。而且，在剧烈的社会经济转型时期，两者重叠交叉的部分在动态调整的过程之中，而非绝对不变。比如，民法典新增加了“婚姻冷静期”的规定，以前认为“离婚自由”是私人的事情，现在需要法律来干预“离婚自由”的问题，说明居高不下的离婚率已经成了一个公共性问题，已经到了公权力需要介入的程度。比如，有学者概括了“离婚冷静期”争议背后的三个学术焦点问题，具体包括：第一，婚姻的稳定性与满意度问题，即在婚姻秩序和婚姻质量之间如何取舍的问题；第二，婚姻的私人性和公共性问题；第三，代际间对婚姻中权力关系的不同理解和期待，到底是婚姻的“私人化”，还是“婚姻作为社会权力关系的延伸所具有的不可撼动的结构性力量”？[②]

---

① 江必新：《司法审判工作的理念、政策与机制》，人民法院出版社 2019 年版，第 139 页。

② 张剑源：《离婚是否真的需要冷静——对〈民法典〉第 1077 条的法理讨论》，载《法学家》2022 年第 3 期。

（三）将社会主义核心价值观融入司法活动有助于在法治轨道上推进社会治理

进入新时代，社会矛盾日益错综复杂，社会阶层结构多元化，利益诉求表达渠道多元化。当事人对于矛盾纠纷存在自我认知偏差，往往是陷入“公说公有理，婆说婆有理”，各执一词，通过个案的审理和宣判，在诉讼时被重新纳入了社会主流价值观引导下的司法评价体系之中。良心是最高的法律准绳，司法公正对社会公正具有引领作用，通过司法活动依法惩处公德失范、违背诚信的违法行为。司法机关在追求程序公正和实体公正的过程中实现社会公平正义，在民众心中培育和弘扬社会主义核心价值观。

当事人在司法公正裁判之后息访罢诉，既化解了矛盾纠纷，也对公民个体的思维认知或行为纠偏。确定性和稳定性是法治的基本价值追求，而确定性和稳定性又是人们理性决策和自由决定的前提。人们只有知道自己的行为会产生什么样后果的情况下，才会理性判断和行动，实现个人的自由发展。自由是在规则之下的有限自由，是不突破法律底线的自由，不是规则之上漫无边界的绝对自由。在实践中，不仅要宣传普及书面上的法律规范，还要通过裁判文书、裁判结果等活生生的法律规范，以案释法，哪些可以做，哪些不可以做，给民众以确切具体的指引。司法机关应尽量通过“类似的案件类似处理”的演绎推理裁判，来推动形成良好的社会关系和社会氛围。

社会主义核心价值观作为当代中国的核心精神追求，构成法律实施和适用的“兜底性法源”，对法官自由裁量权起到无形的制约和限制作用，对司法工作者运用法律方法和培养法律思维的实践发挥着一定的指引作用。《关于深入推进社会主义核心价值观融入裁判文书释法说理的指导意见》全面规范了法官运用社会主义核心价值观释法说理的基本原则、基本要求、主要方法、重点案件、范围情形、配套机制等，突出“法官在法律框架内运用社会主义核心价值观释法说理”这一基本定位，有利于指引、规范法官运用社会主义核心价值观正确理解立法精神和立法目的，规范行使自由裁量权，充分发挥司法裁判在国家治理、社会治理中的规范、评价、教育、引领等功能，细化了民众在实施见义勇为、正当防卫、紧急避险以及维护公共利益和公共秩序时的制度规则，进一步在“扶不扶”“劝不劝”“追不追”“救不救”“为不为”“管不管”等法律和道德难题时亮明立场，坚决防止“和稀泥”，让司法有力量、有是非、有温度，让群众辨明方向、有所遵循和保障。

三、将社会主义核心价值观融入司法活动的路径

司法活动的目标是通过追求个案正义来实现整体社会的公平正义。法院在法治社会的建设过程中，发挥的功能应该是通过个案裁决来引领社会风尚。新时代将社会主义核心价值观怎么融入司法活动？采取哪些融入路径方式？将社会主义核心价值观融入司法的路径，包括显性融入和隐性融入，显性融入是指在各类司法文书中能以“看得见”的语言文字等元素形式显示出来。隐性融入是将社会主义核心价值观的理念和精神融入司法规范性文件、司法文书中，但不直接明确显示“社会主义核心价值观”的专用术语。

（一）融入司法政策、司法解释及司法指导意见中

为适应社会主义核心价值观的要求，制定和实行司法政策。由司法政策转换为司法解释，再由司法解释转换为司法指导案例，由抽象到具体，由普遍适用的规范到个案适用，实现社会主义核心价值观由“空洞说教”到“接地气”。

最高人民法院积极践行和弘扬社会主义核心价值观，先后出台了民法典司法解释、刑法修正案司法解释等。[①] 最高人民法院发布司法指导意见，先后印发了《关于在人民法院工作中培育和践行社会主义核心价值观的若干意见》《关于在司法解释中全面贯彻社会主义核心价值观的工作规划（2018—2023）》《关于加强和规范裁判文书释法说理的指导意见》《关于深入推进社会主义核心价值观融入裁判文书释法说理的指导意见》等规范性文件。其中，《关于加强和规范裁判文书释法说理的指导意见》强调，除依据法律法规、司法解释的规定外，法官可以运用下列论据论证裁判理由，以提高裁判结论的正当性和可接受性：最高人民法院发布的指导性案例；最高人民法院发布的非司法解释类审判业务规范性文件；公理、情理、经验法则、交易惯例、民间规约、职业伦理；立法说明等立法材料；

① 方新军：《社会主义核心价值观融入〈民法典〉解释的意义和方法》，载《苏州大学学报（法学版）》2022 年第 1 期。

采取历史、体系、比较等法律解释方法时使用的材料；法理及通行学术观点；与法律、司法解释等规范性法律文件不相冲突的其他论据。该意见第1条就阐明了裁判文书释法说理的目的，主要包括以下功能：第一是实践功能，通过阐明裁判结论的形成过程和正当性理由，提高裁判的可接受性，实现法律效果和社会效果的有机统一；第二是价值功能，其主要价值体现在增强裁判行为公正度、透明度，规范审判权行使，提升司法公信力和司法权威，发挥裁判的定分止争和价值引领作用，弘扬社会主义核心价值观，切实维护诉讼当事人的合法权益，促进社会和谐稳定。

（二）融入司法裁判文书的说理部分，通过发布指导性典型案例来引领社会风尚

裁判文书是人民法院审判工作的最终产品，是反映全部诉讼活动、实现定分止争、体现司法水平的重要载体。在判决文书中强化释法说理，是让公平正义看得见、说得出的必要环节，对于培育公民的法治意识、弘扬和培育社会主义核心价值观具有重要意义。

2018年最高法《关于加强和规范裁判文书释法说理的指导意见》第15条规定，裁判文书释法说理应当避免使用主观臆断的表达方式、不恰当的修辞方法和学术化的写作风格，不得使用贬损人格尊严、具有强烈感情色彩、明显有违常识常理常情的用语，不能未经分析论证而直接使用“没有事实及法律依据，本院不予支持”之类的表述作为结论性论断。

2018年最高法《关于深入推进社会主义核心价值观融入裁判文书释法说理的指导意见》是贯彻落实党的十九届五中全会和《法治社会建设实施纲要（2020—2025年）》精神，以公正裁判树立行为规则、引领社会风尚的重要举措，也是法院进一步规范和加强裁判文书释法说理，有效回应人民群众司法需求，提升司法裁判公信力和透明度的有效途径。[①] 社会主义核心价值观融入裁判文书，目的在于通过阐明裁判结论的形成过程和正当性理由，使裁判文书真正起到定分止争和价值引领的作用。最高人民法院曾先后发布若干批“弘扬社会主义核心价值观典型案例”，公正审理“英烈保护公益诉讼”“私自上树摘杨梅坠亡案”“冰面遛狗溺亡索赔案”等

① 《最高法印发指导意见　深入推进社会主义核心价值观融入裁判文书释法说理（附全文）》，载“最高人民法院”官方百家号2021年2月18日，https：//baijiahao. baidu. com/s? id = 1692020465316532816&wfr = spider&for = pc。

系列案件，从个案的指导到对某一类社会行为的规范和引导，充分发挥人民法院在培育和践行社会主义核心价值观方面的引领、规范和保障作用，以司法公正引领社会公正，让遵纪守法者扬眉吐气，让违法失德者寸步难行，引领社会良好风尚。

【典型案例之一】

董存瑞、黄继光英雄烈士名誉权纠纷公益诉讼案

——杭州市西湖区人民检察院诉瞿某某侵害烈士名誉权公益诉讼案

瞿某某在其经营的网络店铺中出售两款贴画，一款印有“董存瑞舍身炸碉堡”形象及显著文字“连长你骗我！两面都有胶!!”，另一款印有“黄继光舍身堵机枪口”形象及显著文字“为了妹子，哥愿意往火坑跳!”。杭州市某居民在该店购买了上述印有董存瑞、黄继光宣传形象及配文的贴画后，认为案涉网店经营者侵害了董存瑞、黄继光的名誉并伤害了其爱国情感，遂向杭州市西湖区检察院举报。

西湖区检察院发布公告通知董存瑞、黄继光近亲属提起民事诉讼。公告期满后，无符合条件的原告起诉，西湖区检察院遂向杭州互联网法院提起民事公益诉讼。

杭州互联网法院认为，英雄烈士是国家的精神坐标，是民族的不朽脊梁。英雄烈士董存瑞在“解放战争”中舍身炸碉堡，英雄烈士黄继光在“抗美援朝”战争中舍身堵枪眼，用鲜血和生命谱写了惊天动地的壮歌，体现了崇高的革命气节和伟大的爱国精神，是社会主义核心价值观的重要体现。任何人都不得歪曲、丑化、亵渎、否定英雄烈士的事迹和精神。被告瞿某某作为中华人民共和国公民，应当崇尚、铭记、学习、捍卫英雄烈士，不得侮辱、诽谤英雄烈士的名誉。其通过网络平台销售亵渎英雄烈士形象贴画的行为，已对英雄烈士名誉造成贬损，且主观上属明知，构成对董存瑞、黄继光的名誉侵权。同时，被告瞿某某多年从事网店销售活动，应知图片一经发布即可能被不特定人群查看，商品一经上线便可能扩散到全国各地，但其仍然在网络平台发布、销售上述贴画，造成了恶劣的社会影响，损害了社会公共利益，依法应当承担民事法律责任。该院判决瞿某某立即停止侵害英雄烈士董存瑞、黄继光名誉权的行为，即销毁库存、不得再继续销售案涉贴画，并于判决生效之日起10日内在国家级媒体公开赔礼道歉、消除影响。

【典型案例之二】

男子当“结婚黄牛”18个月四婚四离　法院建议：列入严重失信名单

南京市秦淮区人民法院依法建议南京市秦淮区民政局将一名谎称自己未婚骗取婚姻登记的当事人和一名18个月内与四位女性闪婚闪离的“结婚黄牛”列入严重失信名单。原告王某（女）与案外人李某（男）于2002年3月24日登记结婚，于2020年5月14日经福建省F市某区人民法院调解离婚。原告王某在婚姻关系存续期间为了获得南京购房资格，谎称自己未婚，与被告丁某（男）于2017年10月11日登记结婚，后于2017年10月13日登记离婚。

原被告办理结婚登记后当日即以家庭名义向南京市房产局申请开具购房证明。2017年10月14日，原告与案外人南京A房地产公司签订商品房现售合同，购买位于南京市江宁区某小区房屋。原告随后凭上述购房证明和其他相关资料向南京市江宁区不动产登记中心申请并办理了上述房产的产权变更登记手续。

被告丁某在2017年10月至2019年4月，曾先后与包括原告在内的共计四位女性办理了结婚、离婚登记手续，四段婚姻关系存续期间为2至7天不等。被告自述，其虽与包括原告在内的共计四位女性先后登记结婚，但并无共同组建家庭、共同生活的目的，仅是将结婚登记作为帮助对方取得购房资格的方式，并在婚姻关系存续期间均以家庭名义，为上述四位女性向相关部门申请了购房证明，在取得购房证明后，遂办理离婚。

由于原告的行为构成重婚，根据《中华人民共和国民法典》第1051条的规定，秦淮法院依法判决原告王某与被告丁某于2017年10月11日至2017年10月13日的婚姻无效。原告故意隐瞒已婚重大事实的行为以及被告并无与他人组建家庭共同生活的目的而将结婚作为“帮助”他人规避房产限购政策、取得购房资格的方式和手段的行为，均严重违背了公序良俗和诚实信用，损害了购房等社会公平秩序，具有较大的社会危害性。为对上述行为作出惩戒，秦淮法院依法向南京市秦淮区民政局及南京市住房保障和房产局发出司法建议，建议将原被告列入严重失信名单，并就规范婚姻登记及购房证明开具、管理工作，提出司法建议。

生效裁判文书不仅是个案处理的终点，也会对社会风气和道德风尚产生重大导向。所以，法官在作出裁判时，不能单纯考虑个案效果，还要考虑裁判作出后可能产生的社会效果和制度价值。特别是司法公开（包括中国裁判文书网、中国审判流程信息公开网、中国执行信息公开网、中国庭审公开网4大平台）后，裁判文书的影响范围不仅是在当地，也可能在全国范围；不仅是当下，也可能是未来相当长的时期；不仅是对当事人，也可能对非当事人有影响，因为每个人都是潜在的当事人，会有角色代入感思考遇到类似的情形该怎么办？司法公开透明，有利于民众理性预测和判断个案处理结果的公平度，也有利于倒逼法官公正裁判，有助于提高司法公信力。

（三）融入检察工作中，定期发布指导性案例

检察系统从介入侦查、审查逮捕、审查起诉和二审检察四个方面，融入社会主义核心价值观。比如，正当防卫案件，在我国正当防卫的司法实践中，广泛存在追求道德洁癖的现象。即法院往往倾向于将防卫权的享有者限定在对侵害的发生毫无道德瑕疵的绝对无辜者之上。但是，无论是从正当防卫的本质，还是从防卫意思的内容，或者是从案件处理的效果来看，不管招致不法侵害的行为是否违法，也不管自招者对于不法侵害的出现是持追求、放任还是过失的心态，都不应剥夺或者限制自招者的防卫权。[①]

最高人民检察院印发第十二批指导性案例，分别是陈某正当防卫案、朱凤山故意伤害（防卫过当）案、于海明正当防卫案、侯雨秋正当防卫案。[②] 近几年，正当防卫问题引发社会广泛关注，起因虽是孤立个案，但却反映了新时代人民群众对民主、法治、公平、正义、安全的普遍诉求。对此，明确正当防卫的界限标准，回应群众关切，最高人民检察院发布第十二批指导性案例，专门阐释正当防卫的界限和把握标准，进一步明确对正当防卫权的保护，积极解决正当防卫适用中存在的突出问题，为检察机关提供司法办案参考。同时，这4个案例既是正当防卫的指导性案例，也是检察机关以法治手段维护社会主义核心价值观的指导性案例。发布这些指导性案例，目的在于进一步惩恶扬善，弘扬正气，保护见义勇为，向社会释放正能量。陈某正当防卫案针对的是一般防卫的问题，要旨在于“在被人殴

---

① 陈璇：《克服正当防卫判断中的“道德洁癖”》，载《清华法学》2016年第2期。

② 《最高检发布第十二批指导性案例明确正当防卫界限标准》，载新华网2018年12月19日，http：//www. xinhuanet. com/politics/2018－12/19/c_ 1123877214. htm。

打、人身权利受到不法侵害的情况下，防卫行为虽然造成了重大损害的客观后果，但是防卫措施并未明显超过必要限度的，不属于防卫过当，依法不负刑事责任”。朱凤山故意伤害（防卫过当）案涉及民间矛盾，这起指导性案例针对的是防卫过当问题，明确指出在民间矛盾激化过程中，对正在进行的非法侵入住宅、轻微人身侵害行为，可以进行正当防卫，但防卫行为的强度不具有必要性并致不法侵害人重伤、死亡的，属于明显超过必要限度造成重大损害，应当负刑事责任，但是应当减轻或者免除处罚。于海明正当防卫案和侯雨秋正当防卫案，针对的是特殊防卫的问题，分别明确了“行凶”和“其他严重危及人身安全的暴力犯罪”的认定标准。

正当防卫制度有利于伸张社会正义，彰显“正义不向非正义低头”的价值取向，是培育和践行社会主义核心价值观，惩恶扬善的制度设计。但是，“无限防卫权”向来只在纸上，迫切需要以一次判决改变“口惠而实不至”。早在 1997 年刑法修订中，就增加了“无限防卫权”（又称特殊防卫），对正在进行行凶、杀人、抢劫、强奸、绑架以及其他严重危及人身安全的暴力犯罪，采取防卫行为，造成不法侵害人伤亡的，不属于防卫过当，不负刑事责任。换句话说，法律中崇尚无罪推定原则，但是在具体的司法判决中，往往宁枉勿纵，并且坚持有罪推定，很多法律条文难以走出书本，难以落地执行，产生很多重判甚至误判。在最高人民法院 2018 年 6 月 20 日发布的第 93 号指导案例（于欢故意伤害案），其裁判要点的第四点中指出：“防卫过当案件，如系因被害人实施严重贬损他人人格尊严或者亵渎人伦的不法侵害引发的，量刑时对此应予充分考虑，以确保司法裁判既经得起法律检验，也符合社会公平正义观念。”这属于对核心价值观内容的一种直接引用，表明了在对正当防卫与防卫过当的具体认定中，应符合公平正义的观念。有学者批评道，正当防卫制度尤其是无过当防卫的规定，一定程度上处于“休眠”状态，成为“僵尸”条文。目前的司法审判，迫切需要一次次公正的判决让“无限防卫权”走出书本。从刑事立法来讲，不能过于抽象、过于原则，需要更加细化地适用标准具体规定。需要营造更加亲民的司法大环境，推动实质公平正义的实现和民众的司法认同。还需要逐步改变刑诉中公、检、法人员对于私力救济的认识偏差，正当防卫和紧急避险是刑法中少数的“赋权性”条款。现代各国普遍规定有正当防卫制度，虽然具体规定的条件不同，但立法旨趣十分相近，均强调正当防卫是天赋人权之一。

四、将社会主义核心价值观融入司法活动所存在的困境

全国各地区法院因地域地理环境、人文背景、司法习惯的不同，社会主义核心价值观司法适用的过程和状态应然性地出现了较大差异。[①] 司法与道德之间的紧张关系，在焦点案件中表现得明显。从早些年的“彭宇案”“许云鹤案”“许霆案”，到近年的“赵春华非法持有枪支案”“于欢故意伤害案”“王力军非法经营再审改判无罪案”“王鹏鹦鹉案”“江歌案”等，都已向我们充分表明，法院如果不尊重社会公众的道德关切，那么，其所作出的判决将很难被接受，会丧失公众认同的道德基础。[②]

（一）将社会主义核心价值观融入司法活动有“运动式”增长的特点

将社会主义核心价值观融入司法活动的动力源于自上而下的人为推动，与最高人民法院的司法指导意见密切相关。但是，各级法院法官内心是否足够重视将社会主义核心价值观与司法裁判的方法论联系起来，是否长期坚持将社会主义核心价值观作为说理依据，仍有待时间的检验。有的法官为了响应政策的号召而在某一段时期主动适用“社会主义核心价值观”，能适用尽量适用，相当于“背书”功能。在适用社会主义核心价值观于不同诉讼类型的司法活动时，不宜“一刀切”，如民事诉讼中家事案件审理，可以发挥社会主义核心价值观的道德教化功能，评价原被告双方的行为是否适当。民事领域是以“意思自治”作为核心原则，所以民事领域存在较多的能够适用社会主义核心价值观的空间余地。行政诉讼活动中，司法机关对于行政行为以审查合法性为原则，以审查合理性为例外，对于行政机关的合法性应严格根据法律规定进行判断，对于合理性可以援引参考社会主义核心价值观。刑事诉讼活动中，根据罪刑法定原则，对于定罪，严格适用法律规定，而量刑环节也是谨慎适用。

（二）在司法裁判文书中模式化、机械化援引社会主义核心价值观

在当前的司法实践中，社会主义核心价值观的司法适用呈现诸多不规范现状，诸如对社会主义核心价值观的适用前提把握不准确，适用方式混

---

① 刘雷：《论社会主义核心价值观融入司法裁判的路径研究——基于实证分析的整全性考量》，载《法律方法》2021 年第 2 期。

② 孙海波：《论道德对法官裁判的影响》，载《法制与社会发展》，2022 年第 5 期。

乱，适用说理简单化、碎片化与模板化。[①] 有的司法裁判，说理笼统，生搬硬套某些词句，援引只具有价值倡导和政策宣示的意义，和裁判文书的案情、事实与理由等没有直接的关联度，存在“两张皮”的现象，没有将社会主义核心价值观阐明为判决书充分必要的依据。当事人在看到司法裁判文书时，会感觉是可有可无的口号性语言，会对司法公正性心存质疑，降低了裁判结果的可接受性和说服力。

（三）比较重视“诚信”某单一价值，忽视了其他“价值”

社会主义核心价值观分为国家、社会、公民三个维度，其中，“自由、平等、公正、法治”是社会层面的价值取向，“爱国、敬业、诚信、友善”是公民层面的价值准则，每个具体的价值观都有其自身的特定内涵。在司法实践中，不同维度价值观适用融贯性不够，有的法院在司法援引社会主义核心价值观的表述时，往往出现对某一社会主义核心价值观的跨维度扩张解释。比如，在司法裁决中，首先是对于“诚信”单一价值比较重视，主要针对合同违约，违反了信赖利益；其次是“平等”，主要针对各类“地域歧视”“就业歧视”“年龄歧视”“性别歧视”等歧视类案件；最后是“法治”，主要针对不尊崇法律、公然藐视法治等案件，而“富强、民主、文明、和谐、自由”等价值几乎没有单独援引过。

（四）出现“规则逃逸”

规则逃逸是指有可适用的法律规则而不适用，却主要适用社会主义核心价值观作为裁判依据。[②] 在适用社会主义核心价值观的裁判文书中，存在单一性地使用“社会主义核心价值观”，而没有优先适用法律规则。比如，在大多数离婚案件中，法院“第一次判不离”成为不成文的惯例，法院判决不离的理由是：为了促进未成年人的权益，确保未成年人的身体健康，弘扬社会主义核心价值观和中华民族传统美德，传递正能量，促进家风建设，维护和谐、美满的家庭关系，故对原告要求离婚的请求，本院不予支持。[③] 在某些裁判文书中，没有结合民法典规定的法定离婚要件“夫妻感情确已破裂”的认定标准，出现了“规则逃逸”。

---

① 于洋：《论社会主义核心价值观的司法适用》，载《法学》2019年第5期。

② 于洋：《论社会主义核心价值观的司法适用》，载《法学》2019年第5期。

③ 于洋：《论社会主义核心价值观的司法适用》，载《法学》2019年第5期。

（五）混淆适用“社会主义核心价值观”与“中华优秀传统美德”

社会主义核心价值观与中华优秀传统美德属于不同的法源，是有所区别的，但是有些法院的法官，将社会主义核心价值观与中华优秀传统美德混为一谈，没有严格的区分。其实，在社会主义核心价值观正式提出以前，法院已经尝试适用道德说理来解决具有高度伦理争议的案件。比如：2010年北京市东城区人民法院第948号民事判决书，直接引用《孝经》，古语说“百善孝为先”，法院在处理一起房屋买卖争议时，认定女儿张某的行为违背了孝道，且严重侵犯了母亲的合法权益。中华优秀传统美德属于非正式法源，但是社会主义核心价值观在民事领域，已转化为法律规则和法律原则，具有漏洞补充和强化裁判书说理部分的功能，属于正式法源。如果严格区分，社会主义核心价值观的适用维度比中华优秀传统美德更高。

五、将社会主义核心价值观深度融入司法活动的建议

司法公正对社会公正具有重要的引领作用，司法不公对社会具有致命的破坏作用。公正是司法工作的生命线，司法工作的任务和目标就是实现和维护公正，并通过公正的司法活动维护社会公平正义。司法公正指的是国家司法机关通过司法审判，使当事人各方得其应得，失其当失，恰如其分。2014年1月，习近平总书记在中央政法工作会议上的讲话中强调，“要懂得‘100－1＝0’的道理。一个错案的负面影响，足以摧毁九十九个公正裁判积累起来的良好形象。执法司法中万分之一的失误，对当事人就是百分之百的伤害”。司法如果失去了公正，就失去了司法存在的价值和意义。司法公正，能有效解决纠纷，引导社会组织和个人的行为，还能起到社会稳定的“泄压阀”作用，对法治社会建设具有重要意义。

（一）秉持对“法律效果、政治效果、社会效果”三效合一的价值目标追求

习近平总书记在党的十八届四中全会上强调，司法是维护社会公平正义的最后一道防线。他曾经引用过英国哲学家培根的一段话，他说：“一次不公正的审判，其恶果甚至超过十次犯罪。因为犯罪虽是无视法律——好比污染了水流，而不公正的审判则毁坏法律——好比污染了水源。”司

法机关应坚持对法律效果、政治效果、社会效果三效合一的价值目标追求，平衡好社会舆论监督和过度干预的关系。如果一个案件与民众的法感反差很大，极有可能是立法和司法环节本身存在问题，司法机关应该具有及时回应现实的能力。比如，“于欢案”“昆山龙哥案”发生后，社会舆论参与对正当防卫制度的讨论，有助于推动司法进步和公正。在立法、执法、司法和守法之间构建良性互动的循环机制，本应是贯穿社会主义核心价值观的全过程和全环节，而不宜各自为政。

（二）司法积极回应和满足民众的多元社会需求

我国不允许“司法造法”和司法审查。所以，立法者比法官更有优势考虑规则在未来实施过程中的后果，能够提供普遍性、一般性的解决方案。立法机关不仅要善于把核心价值观转化为法理，还要把核心价值观的要求转换为权利、义务、行为、责任等法律概念，转换为法律语言文字，进而形成内涵精确的法律规则和法律制度。但是，立法在介入某些既不是合法也不是非法的“灰色”领域时，需要通过民主讨论获得正当性，即当某种不道德的行为已经明确伤害或者冒犯他人时，立法才应当介入。法官虽不像立法者那样面对那么大的压力，但法官、检察官等法律职业群体有着比普通人更强的道德理性，更需要理解法条背后所蕴含的道德理念。立法并没有一劳永逸解决所有的社会问题，而司法具有补强功能。司法作为化解社会矛盾的最后一道防线，通过个案的公正提升整体公正司法水平，通过整体公正司法进一步维护和促进社会公平正义。

【典型案例】

江歌母亲江秋莲诉刘暖曦（原名：刘鑫）案

2016 年 11 月，中国留学生江歌在日本被好友刘暖曦（原名刘鑫）的前男友陈世峰持刀杀害。2017 年 12 月 20 日，日本东京法院以故意杀人罪和恐吓罪判处陈世峰有期徒刑 20 年。陈世峰上诉后又撤回，其 20 年有期徒刑正式执行。“江歌案”发生后，引发社会舆论广泛关注。江歌母亲江秋莲认为刘暖曦在江歌遇害过程中负有不可推卸的责任，于 2019 年 10 月以生命权侵权为由向山东省青岛市城阳区人民法院提起民事诉讼。2022 年 1 月 10 日，山东省青岛市城阳区人民法院对原告江秋莲与被告刘暖曦生命权纠纷案作出一审判决。被告刘暖曦于判决生效之日起十日内赔偿原告江秋莲各项经济损失费人民币496000元及精神损害抚慰金人民币200000元，并承担全部案件受理费。法院审理认为，刘暖曦作为江歌的好友和被救助者，对于由其引入的侵害危险，没有如实向江歌进行告知和提醒，在面临陈世峰不法侵害的紧迫危险时，为求自保而置他人的生命安全于不顾，将江歌阻挡在自己居所门外被杀害，具有明显过错，应当承担相应的民事赔偿责任。本案中，江秋莲失去爱女，遭受了巨大伤痛，后续又为赴国外处理后事而奔波劳碌，而刘暖曦在事发后发表刺激性言论，进一步伤害了江秋莲的情感，依法应承担精神损害赔偿责任。法院在判决书中指出，江歌在异国求学时对身陷困境的同胞施以援手，给予了真诚的关心和帮助，并因此受到不法侵害而失去生命，其无私帮助他人的行为，体现了中华民族传统美德，与社会主义核心价值观和公序良俗相契合，应予褒扬，其受到不法侵害，理应得到法律救济。一审判决后，被告人刘暖曦不服，提出上诉，2022年2月16日，山东省青岛市中级人民法院二审开庭，刘暖曦出庭并辩称自己无过错，不应承担民事赔偿责任。2022年12月30日，山东省青岛市中级人民法院对江秋莲与刘鑫生命权纠纷案作出二审判决：驳回上诉，维持原判。

民法典第183条规定："因保护他人民事权益使自己受到损害的，由侵权人承担民事责任，受益人可以给予适当补偿。没有侵权人、侵权人逃逸或者无力承担民事责任，受害人请求补偿的，受益人应当给予适当补偿。"该规定常称"见义勇为"条款。本案江歌的行为虽非典型见义勇为，但仍可纳入该条构成要件文义范围。早有观点指出该条是所谓"感恩立法"，规定受益人应当向见义勇为者感恩，但并未涉及感恩思想对损失补偿范围的影响。而此项新观点指出，民法典第183条体现的感恩文化或价值，包含贬抑、禁止"忘恩负义"的面向，其立法目的之一在于"教忘恩负义的受益人感恩"。在技术方面，即要求法院评估"适当"补偿金额时，应考量受益人事前、事中、事后的诸多忘恩行为（特别是事后）。据此思路，受益人若有明显忘恩行为，适当补偿也可为全额赔偿，以实现教育其感恩的目的。本案被告行为之所以在舆论上引起公愤，很大程度上由于其事后忘恩负义，故应提高其补偿额度。这种观点借助恩义文化等"本土资源"，使该条解释呼应社会需求，具有启发性，有助于反思民法典第183条的立法目的。[1] 有学者认为，无论是“过错冗余”还是“有难同当”，都没有相应的法律依据，也没有变成“法言法语”进入法学的概念体系之中。但法律的缺憾和法学的孱弱并没有撼动法官根深蒂固的道德直觉。所以，虽然法院作出了超越法律的判决，却只能用一种低维度的说理去阐述一种高维度的法律逻辑。在这个意义上，“江歌案”的一审判决，无论对于民事司法还是对于法学研究，都具有里程碑式的意义。[2]

（三）法官担当起法律适用者和社会正义矫正者双重角色

美国学者德沃金认为，法官的工作职责是“说出真相”和“脚踏实地”。[3] 法官运用规范的推理方法去落实法律和道德的要求，最终实现个案正义。通过追求严格司法来确保公正司法，要进一步解决立案难、诉讼难、执行难“三难”问题，杜绝关系案、人情案、金钱案，不断提高司法公信力，让老百姓信赖法律、遇事找法、解决问题靠法。党的十九大报告提出，要加强人权法治保障，保证人民依法享有广泛权利和自由。在观念层面，要树立把保障人权与严格司法并重，实体公正与程序公正并重的原则。进一步加强和规范案例指导工作，充分发挥指导性案例统一法律标准、指导性案件审判和宣传社会主义法治的重要作用。

依法规制虚假诉讼、滥用诉权、恶意诉讼、无理缠讼等行为，充分发挥司法在法治社会建设中的积极作用。诉讼不是“和稀泥”，其追求的是独立于诉讼程序的确定结果；诉讼不是抛硬币的游戏，社会公众期待和关注的不仅仅是过程，而且还有最终的裁判结果。[4] 实体公正是程序公正的目标，程序公正是实现实体公正的路径。一般来说，实体公正需要通过程序公正才能实现，当然，公正程序本身具有独立价值，如具有消弭争议、说服教育的功能，具有宣传教育的功能，具备寻求共识达成妥协的作用。[5] 在实践中，对于很多问题的是非曲直很难作出最终非黑即白的判断，尤其是

---

① 金可可、谈天：《从江歌案看〈民法典〉的司法适用及其争议——兼与本案相关论点商榷》，载《探索与争鸣》2022 年第 4 期。

② 桑本谦：《“过错冗余”与“有难同当”——以“江歌案”一审判决为例》，载《探索与争鸣》2022 年第 4 期。

③ ［美］罗纳德·德沃金：《我们的法官必须成为哲学家吗？他们能成为哲学家吗？》，傅蔚冈、周卓华译，载《清华法学》（第 5 辑），清华大学出版社 2005 年版，第 45 页。

④ 陈学全：《论刑事诉讼中的实体公正与程序公正的并重》，载《法学评论》2013 年第 4 期。

⑤ 江必新：《司法审判工作的理念、政策与机制》，人民法院出版社 2019 年版，第 89 页。

涉及价值选择的时候，有时通过程序进行处理不一定能辨明真伪，但可以达到平衡、妥协，形成一个各方都能接受的结果或者状态，也体现了制度的正义与个案正义的取舍和辩证统一关系。这些司法程序的独有价值，对于增强当事人的认可度、提高司法公信力、弘扬司法公正和政治民主等具有重要意义。但是，实体公正和程序公正之间存在有限的错位、断层和距离是不可避免的。正义不仅要实现，还要以“看得见”的形式实现。

（四）司法机关建立和行政机关、社会组织等机构的联动机制

司法机关承载社会治理的功能，通过司法手段来惩恶扬善，逐步提升民众的道德水准。司法机关应发挥一定的能动性，积极地和行政机关、社会组织等机构建立联动机制。司法绝不是法律实施的最后环节，司法机关可以以司法建议等形式，对社会治理提出有法律效力和专业性的指导建议，起到弥补社会治理漏洞的作用。

前述案例中，南京市秦淮法院依法向秦淮区民政局及南京市住房保障和房产局发出司法建议，建议将原被告列入严重失信名单，并就规范婚姻登记及购房证明开具、管理工作提出司法建议。根据《关于对婚姻登记严重失信当事人开展联合惩戒的合作备忘录》（以下简称《备忘录》）的规定，当事人使用伪造、变造或者冒用他人身份证件、户口簿、无配偶证明及其他证件、证明材料，或者作无配偶、无直系亲属关系、无三代以内旁系血亲等虚假声明，或者故意隐瞒对方无民事行为能力或限制民事行为能力状况，严重损害对方合法权益等行为，将由民政部门列入严重失信名单。婚姻登记严重失信当事人将面临严重的后果。对婚姻登记严重失信当事人将予以限制招录（聘）为国家公职人员，限制登记为事业单位法定代表人、限制任职证券公司、基金管理公司、期货公司、融资性担保公司或金融机构、认证机构的董事、监事、高级管理人员，限制担任国有企业法定代表人、董事、监事、高级管理人员，限制参评道德模范等荣誉，限制参与相关行业的评先、评优，限制补贴性资金支持等共计 14 项联合惩戒措施。这是《备忘录》实施后，南京法院首次将婚姻登记严重失信当事人线索移送民政部门并建议列入严重失信名单，为上述文件精准落实提供了一次有益实践。在此，司法机关在发现因政策缺陷所导致的漏洞之后，通过司法建议的方式，提示行政机关或者社会组织来积极填补漏洞，提高社会治理的效能。

第二节　新时代法治社会建设中的诉源治理机制建设——以北京市东城区为例

2019 年 1 月，习近平总书记在中央政法工作会议上强调："坚持把非诉讼纠纷解决机制挺在前面，从源头上减少诉讼增量。" 2020 年 11 月，中央全面依法治国工作会议强调："我国国情决定了我们不能成为'诉讼大国'。我国有 14 亿人口，大大小小的事都要打官司，那必然不堪重负！要推动更多法治力量向引导和疏导端用力，完善预防性法律制度，坚持和发展新时代'枫桥经验'，完善社会矛盾纠纷多元预防调处化解综合机制，更加重视基层基础工作，充分发挥共建共治共享在基层的作用，推进市域社会治理现代化，促进社会和谐稳定。"诉源治理中的"诉"特指的是法院"诉讼"，"源"指的是纠纷产生的根源、来源，"诉源治理"指的是从源头上治理已发生或者潜在未发生的纠纷，以化解当事人的矛盾冲突的各种举措、方式和方法。有人易将"诉源治理"与"接诉即办"中的"诉"混淆，接诉即办的"诉"指的是"诉求"，主要指电话热线 12345、政府网站投诉等方式。自 2019 年以来，北京市大力推动"诉源治理"与"多元调解 + 速裁"机制有机衔接的工作模式，全面推进"一站式多元解纷机制、一站式诉讼服务中心"建设。[①] 本书以北京市东城区人民法院"和立方"诉源治理为研究样本，探索如何完善和推进诉源治理机制，提高基层社会治理的法治化水平。

一、首都推进诉源治理机制的概况

（一）法律和政策依据

民事诉讼法第 125 条规定，当事人起诉到人民法院的民事纠纷，适宜调解的，先行调解，但当事人拒绝调解的除外。这意味着先行调解制度由试点上升为立法层面的规定。诉前调解是指诉至法院的纠纷在正式进入诉讼程序前按照一定标准进行分流后，在不动用正式审判资源的前提下通过

---

① 北京市高级人民法院：《创新工作机制　推动"诉源治理"在北京落地见效》，载《北京人大》2020 年第 1 期。

非司法手段使其尽可能得以成功调解。

党的十九届四中全会提出了坚持和完善中国特色社会主义制度，推进国家治理体系和治理能力现代化的战略目标，为坚持和完善共建共治共享的社会治理制度提出了“系统治理、依法治理、综合治理、源头治理”十六字方针，完善人民调解、行政调解、司法调解联动工作体系，完善社会矛盾纠纷多元预防调处化解综合机制，努力将矛盾化解在基层。推动社会治理和服务重心向基层下移，把更多资源下沉到基层，更好地提供精准化、精细化服务。

2020 年 12 月，中共中央印发了《法治社会建设实施纲要（2020—2025 年）》提出，要坚持和发展新时代“枫桥经验”，畅通和规范群众诉求表达、利益协调、权益保障通道，加强矛盾排查和风险研判，完善社会矛盾纠纷多元预防调处化解综合机制，努力将矛盾纠纷化解在基层。2021 年中共中央、国务院出台了《关于加强基层治理体系和治理能力现代化建设的意见》，基层治理是国家治理的基石，统筹推进乡镇（街道）和城乡社区治理，是实现国家治理体系和治理能力现代化的基础工程。增强乡镇（街道）平安建设能力。健全乡镇（街道）矛盾纠纷一站式、多元化解决机制和心理疏导服务机制。

（二）理论基础

诉源治理机制可以借鉴管理学中的“韧性治理”理论。“韧性治理”的提出，是源于当前社会具有脆弱性的特征、不稳定的状态，怎么从不确定的状态中获益？怎么“反脆弱”？“韧性治理”指的是多元主体为了应对风险，采取维持组织稳定和促进组织变革的一种治理方式，不仅要求系统在受到风险冲击时能够恢复原状，更要求其在不断适应变化过程中实现创新。① 诉源治理机制属于制度韧性的范畴，制度韧性是通过一系列制度创新，形成适应性、包容性和灵活性兼具的多元主体联动的体制机制。

（三）实践需要

2017 年修改民事诉讼法时，将民事诉讼领域立案审查制度改为立案登记制度，案件数量急剧增长，出现了“诉讼爆炸”的现象。在当前的社会

---

① 雷晓康、汪静：《乡村振兴背景下农村贫困地区韧性治理的实现路径与推进策略》，载《济南大学学报（社会科学版）》2020 年第 1 期。

变迁和国家转型时期，基层既是产生利益冲突和社会矛盾的源头，也是协调利益关系和疏导社会矛盾的“茬口”。[①] 行政调解、人民调解、行业调解、专业调解、司法调解，虽各司其职，但各有所短，九龙治水，难以形成合力。基层调解面临久调不决、调后反悔、公信力不足、专业度不够等问题。在诉源治理工作中，法院担任重要角色，但许多难题并非法院一家能独立解决的，不少案件以裁判方式结案，效果不佳，“个案”治标但不治本，不能从源头上根本化解矛盾。在深化司法体制改革进程中，尤其是员额制改革之后，基层法院普遍面临“人少案多”的突出问题，每年的工作日一般是 250 天，北京市法院法官人均结案 388.7 件。[②] 这意味着北京市法院每位法官大约每个工作日都要办结 1.5 件案件。在此，法院系统启动诉源治理机制的目标是以柔性分流方式化解矛盾纠纷，既能减少刚性司法裁判所带来的社会后果，又有利于建立和谐有序的基层社会治理体系。

（四）基层的具体做法和经验

本书将以东城区为例探讨基层社会治理的具体做法和经验。东城区作为首都功能核心区，是全国政治中心、文化中心和国际交往中心的核心承载区，是历史文化名城保护的重点地区，也是展示国家首都形象的重要窗口地区。“首都无小事，事事关政治”，大量矛盾纠纷如果不能妥善化解，不仅影响区域营商环境，影响人民群众的获得感、幸福感和安全感，还可能影响首都核心区社会稳定乃至国家的国际形象。为提升首都功能核心区市域综合治理水平，北京市东城区人民法院探索建立“和立方”诉源治理工作机制。该机制通过统筹协调各方调解力量，在行政机关、街道社区、行业协会设立“和立方”诉调对接工作站，多方联动，努力实现“一站式”定分止争的治理效果。自 2019 年 2 月以来，东城法院与司法局、银保监局、人力社保局、交管局、金融局、工商联、街道社区、医调委等单位加强合作，先后成立了 18 个诉调对接工作站，着力培育基层调解力量，有效提升基层解纷能力，逐步形成业内预防化解为主、行业调解为辅、诉讼

---

① 习近平：《之江新语》，浙江人民出版社 2007 年版，第 239 页。

② 北京市高级人民法院院长寇昉：《北京市高级人民法院工作报告——2022 年 1 月 8 日在北京市第十五届人民代表大会第五次会议上》，载北京市人民政府 2022 年 1 月 20 日，https：//www.beijing.gov.cn/gongkai/jihua/bg/202201/t20220120_2596128.html? eqid = fff19efc0000127e0000000664759c87。

托底的诉源治理格局。将司法力量与行政力量、社会调解力量深度融合、优势互补、合力解纷，实现“矛盾不上交、风险不外溢”，打造“枫桥经验东城版”符合区位特点和现实需求。

东城区“和立方”诉调工作站分布情况表

<table>
<tr><th>序号</th><th>挂牌地点</th><th>覆盖范围</th><th>联系人</th><th>对接法官</th></tr>
<tr><td>1</td><td>北京市东城区东四街道司法所</td><td>东四街道</td><td>略</td><td>略</td></tr>
<tr><td>2</td><td>北京市东城区北新桥街道司法所</td><td>北新桥街道、和平里街道</td><td>略</td><td>略</td></tr>
<tr><td>3</td><td>北京市东城区景山街道司法所</td><td>景山街道、东华门街道</td><td>略</td><td>略</td></tr>
<tr><td>4</td><td>北京市东城区建国门街道司法所</td><td>建国门街道、东花市街道</td><td>略</td><td rowspan="2">略</td></tr>
<tr><td>5</td><td>北京市东城区建国门街道大雅宝社区</td><td>大雅宝社区</td><td>略</td></tr>
<tr><td>6</td><td>北京市东城区前门街道司法所</td><td>前门街道、崇外街道</td><td>略</td><td>略</td></tr>
<tr><td>7</td><td>北京市东城区交道口街道司法所</td><td>交道口街道、安定门街道</td><td>略</td><td>略</td></tr>
<tr><td>8</td><td>北京市东城区天坛街道司法所</td><td>天坛街道、龙潭街道</td><td>略</td><td>略</td></tr>
<tr><td>9</td><td>北京市东城区永外街道司法所</td><td>永外街道、体育馆路街道</td><td>略</td><td>略</td></tr>
<tr><td>10</td><td>北京市东城区朝阳门街道竹杆社区</td><td>朝阳门街道、东直门街道</td><td>略</td><td>略</td></tr>
<tr><td>11</td><td>北京市医疗纠纷人民调解委员会</td><td rowspan="3">全北京市</td><td>略</td><td rowspan="8">略</td></tr>
<tr><td>12</td><td>北京市投融资商会</td><td>略</td></tr>
<tr><td>13</td><td>北京银保监局</td><td>略</td></tr>
<tr><td>14</td><td>北京市东城区人力社保局劳动保障监察队</td><td rowspan="5">全东城区</td><td>略</td></tr>
<tr><td>15</td><td>北京市东城区交通支队</td><td>略</td></tr>
<tr><td>16</td><td>北京市东城区金融办公室</td><td>略</td></tr>
<tr><td>17</td><td>北京市东城区工商联合会</td><td>略</td></tr>
<tr><td>18</td><td>东城区消费者协会</td><td>略</td></tr>
</table>

法院受理的案件要过“三道关”筛选：导诉台、立案窗口、程序分流组。较为复杂、专业的案件进入审判庭，适合调解的案件将进入诉前调解委员会和行业调解中心，需要司法确认或速裁程序的，则由专门组建的诉调对接组介入完成司法程序。当事人自愿调解并达成协议的，由区级法院指派员额制法官对调解协议进行自愿性、合法性审查，并作出确认调解协议有效的民事裁定书，赋予其强制执行力。如果是当事人不同意调解或调解失败的案件，进入速裁或审判程序（见图 1）。东城区人民法院民商事案件 2018 年收案量 25291 件；2019 年为 25515 件；2020 年则下降为 22424 件，降幅为

12.1%，努力从源头上减少诉讼增量，取得了较好的法律效果和社会效果。

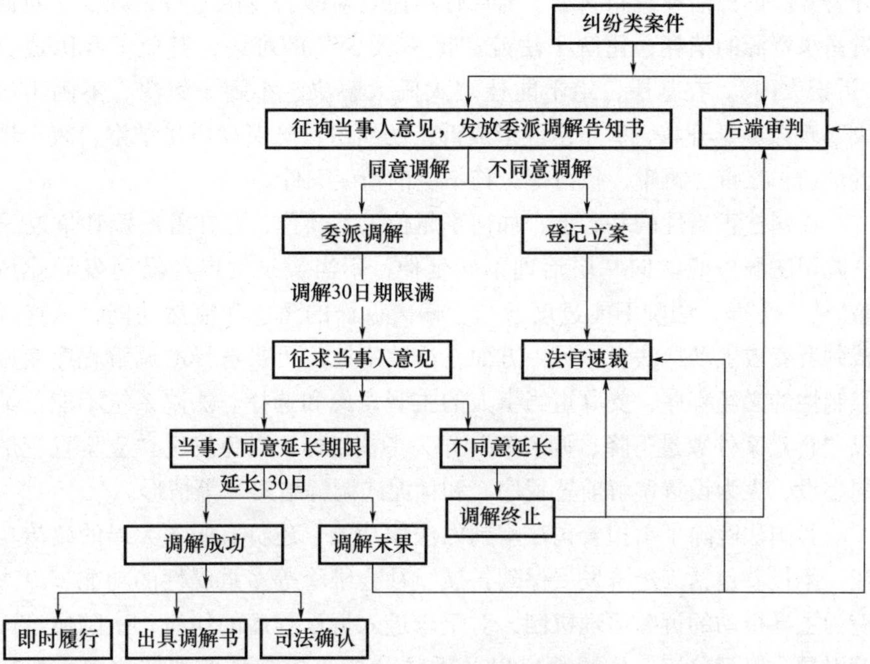

图1　“和立方”诉调对接流程

二、在基层推进诉源治理机制所面临的现实问题

诉源治理是涉及多方治理主体的系统工程，诉源治理作为基层社会治理的子系统，减少诉讼案件数量和减少社会矛盾纠纷发生量之间呈现正相关，诉讼案件是显性的“冰山一角”，而大规模的非诉矛盾纠纷隐藏在冰山之下，是易被忽视的社会不稳定因子。目前，法院主导推进诉源治理机制处于探索阶段，面临着以下现实问题。

（一）基层法院功能定位的困惑

法院的角色定位是通过裁决定分止争，司法具有“不告不理”、被动性、中立性等特征。为缓解“案多人少”的司法压力，全国法院系统自上而下地推动诉源治理改革，通过“一站式”诉讼服务，有省时、省钱、降低诉讼成本、便利灵活高效、终局性、保护个人信息不泄露等优势，还可以继续维系亲情、邻里等社会关系不破裂。法院判决除了涉及国家秘密、商业秘密、个人隐私以外，一律在裁判文书网上公开，但是调解书不用对外公开。诉源治理机制满足了老百姓不愿意对簿公堂的心理，减少了对昂贵司法资源的消耗，化解了法院“案多人少”的难题，避免了我国成为“诉讼大国”。在基层，绝不能让“大闹大解决、小闹小解决、不闹不解决”现象蔓延开来，对于已经形成诉讼的纠纷，确保高质量结案，减少涉诉信访、二审、再审、执行等久拖不决的衍生案件。

在司法正当性的基础上，如何不越位、不缺位，存在着质疑和争议。[①]法院司法服务职能向基层治理不断延伸，不当或过度参与易引发异化风险。[②] 一方面，法院不能过度参与，偏离诉讼的角色和应然功能，从终局裁判者变成主动执法者；另一方面，法院不能将可供选择的调解程序变成强制性的必经程序，要尊重当事人的主观意愿和选择。法院系统不能单纯以“诉讼案件数量下降、调解率”作为考核指标，以免发生“立案登记形同虚设、人为设置调解前置程序、和稀泥式调解结案”等情形。

我国法院除了承担着司法审判的法律功能，还负有服务大局的政治功能，承担着包括为经济发展保驾护航、社会维稳等多重属性的功能。以法院为主导推动的诉源治理机制，对于未进入诉讼程序的纠纷，法院通过诉前引导、繁简分流、分调裁审以及诉访分离等机制延伸司法服务，按照“社会调解优先，法院诉讼断后”的理念，分层过滤、分类化解大量的矛盾纠纷。除此之外，法院不适宜在司法治理之外过度参与化解社会矛盾纠纷的过程，应有协同治理的角色意识。

（二）基层社会治理碎片化和泛化的困境

习近平总书记指出：“社会治理的重心必须落到城乡社区，社区服务和管理能力强了，社会治理的基础就实了。”坚持共建共治共享的原则，以建设人人有责、人人尽责、人人享有的基层治理共同体为目标。诉源治理是新时代“枫桥经验”的生动实践，可以从源头预防矛盾、推进矛盾纠纷多元化解。

比较理想的状态是：通过诉调对接工作站，“一对一”精准提供司法服务，实现了属地性强的矛盾纠纷由社区型调解组织化解，专业性强的矛

---

① 周苏湘：《法院诉源治理的异化风险与预防——基于功能主义的研究视域》，载《华中科技大学学报（社会科学版）》2020 年第 1 期。

② 吴明军、王梦瑶：《诉源治理机制下法院的功能定位》，载《行政与法》2020 年第 7 期。

盾纠纷由行业型调解组织化解，重大敏感性矛盾纠纷由基层党政主导的综合型调解组织化解，提高了治理的效能，消解了基层治理“碎片化”的困境。但实际上，基层社会治理尤其是社区治理层面，有“泛化”的趋势，“上面千根线，下面一根针”，“社区是个筐，啥都往里装”，社区承担着与其机构设置初衷不相称的职能。

针对基层社会矛盾，法院第一时间响应，积极参与，提前介入。比如，“和立方”工作站建立了“法院接收诉求→法官背包赶赴现场→当场促成调解→‘一站式’司法确认”渠道。依托“和立方”诉调工作站，在提供司法服务的过程中，法院能定期汇总和研判本地区社会经济发展和社会稳定方面的问题，为政府提供决策参考意见。比如，针对发生的北京市“蛋壳公寓爆雷”“优胜教育跑路”“‘双减’政策落地”等重点事件，东城法院与相关政府主管部门、街道社区、行业协会等进行横向联络，加强信息数据的对接共享，及时研判发展态势，发出司法建议。在此，可以将诉源治理机制视为社会矛盾纠纷调处化解体系中的一个链条，由“单兵治理”转化为“集成治理”和“协同治理”更为适宜。

另外，要坚决改变违法成本低、守法成本高的问题，推进社会的法治文明程度，以降低社会治理的难度系数。如何降低守法成本，提高违法成本？主要是培养规则意识和契约精神，杜绝“选择性执法”，改变“法不责众”的惯性思维，通过个案的司法裁判来提高社会群体的法治认知水平和法治素养。

（三）辩证地看待诉源治理机制与多元纠纷解决机制的关系

当前，我国进入新发展阶段，社会矛盾纠纷的主体、客体、类型呈现日益多元化的特征，法院系统自上而下普遍重视诉源治理机制与多元纠纷解决机制，将两者相提并论。外地法院曾以“完善多元解纷机制　深入推进诉源治理”为题发布过调研报告。[①] 诉源治理机制与多元纠纷解决机制实质上是一体两面，侧重从不同角度提出，诉源治理机制是侧重以法院为核心提出，法院向前延伸到行政机关、社区、行业组织等，客观上起到了多元化调解纠纷的效果。多元纠纷解决机制是以围绕和谐社会治理为目标提出的包括但不限于调解、和解、诉讼、仲裁、公证等方式。“和立方”

---

① 何春芽、鲍滨：《完善多元解纷机制　深入推进诉源治理》，载《人民法院报》2020年12月24日，第8版。

工作机制无缝衔接民商事调解和司法确认，动员了人大代表、政协委员、律师、党员、社区干部、退休法官等各方面社会力量，吸纳了专业领域擅长做群众工作的人士，从一线源头化解矛盾，发挥了杠杆作用、纠偏作用、补强作用。

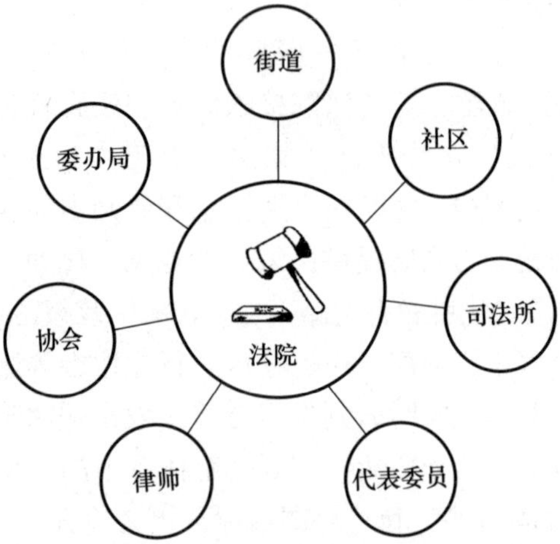

图 2 “和立方”矛盾纠纷调解体系模型

诉源治理机制强化了诉讼与调解的协同。针对调解人员能力素质参差不齐的情况，“和立方”诉调工作站给予必要的指导和监督，有利于培养专业化、职业化调解队伍。“诉调对接”一站式有效破解了久调不决、调后反悔、公信力不足、专业度不够等单方解纷力量的短板困境，推动各方法治力量从纠纷源头介入疏导，减少纠纷增量，成为集约高效、便民利民、共治共享的诉源治理前沿阵地。“和立方”机制下，东城法院用 7% 的员额法官，审结全院 56% 的一审民商事案件。

诉源治理机制突出调解和裁判的互补功能。调解员在前就地化解，法官在后裁判支撑，有利于发挥司法机关在社会治理中的参与、推动、规范和保障作用，最大限度地减少和避免社会纠纷激化，使多发、易发纠纷止于萌芽状态。

在“以源头预防为先、非诉机制挺前、法院裁判终局”为核心的司法实践中，少数疑难、重大、复杂案件会进入审判阶段，法院发挥诉讼兜底的功能，通过公平公正审判，提升司法公信力和示范效应，让人民群众在每个司法案件中感受到公平正义，减少人民群众“诉累”，避免诉讼爆炸、缠诉、衍生诉讼、连环诉讼、虚假诉讼等情形的发生。

三、完善诉源治理机制的思考

首都法院系统诉源治理工作机制自2019年启动以来，运行已有3年时间，在总结经验的基础上，本书提出以下具体的完善建议。

（一）党委主导，从区级层面进一步统筹诉源治理工作机制

客观看待和准确把握诉源治理机制下法院的功能定位，法院既有司法被动性，又要适度参与社会治理。发挥司法在社会治理中的参与、推动、规范和保障作用时，法院的工作要到位但不能“越位”。目前在顶层设计上，亟须建立以区级党委为主导的高位统筹。仅从法院层面统筹，难以调度整合行政资源和社会资源，应当实现从“法院主推”向“党委主导”的转变，从“单兵作战”向“融合发力”的转变，从“健全完善”向“创新突破”的转变。区委统筹能够更好地发挥总揽全局、协调各方的领导核心作用，能够对本地区法治建设牵头抓总、运筹谋划、督促落实。诉源治理作为“党委领导、政府负责、社会协同、公众参与、司法保障”的长期性系统性工程，需要多措并举，畅通体制机制。

（二）将诉源治理工作机制嵌入既定的社会治理模式之中

按照《关于加强基层治理体系和治理能力现代化建设的意见》，坚持全周期管理理念，强化系统治理、依法治理、综合治理、源头治理，形成基层治理的闭环。诉源治理工作机制的闭环运行，是非诉化解、诉非分流、衍生案件、源头预防的圆形运行。亟须由区级政法委牵头，依托综合治理平台，在矛盾纠纷萌芽期推进基层善治，重点是在“案结事了”之后，分析基层社会治理中可能存在的问题、风险和隐患，而在制度机制层面提出建议，从源头上预防诉讼发生的可能，推动以司法资源为基层社会治理赋能。现有的社会治理模式中，比较成熟的有网格化治理等，如南京市雨花台区探索“网格＋诉源治理”有效衔接的途径，促进行业职能与属地职能有效联动。①

---

① 孙丽莎、李夏婧：《关于“网格＋诉源治理”机制建设的思考——以南京市雨花台区为例》，载《中共太原市委党校学报》2021年第2期。

（三）建立联动会商机制，实现大数据和信息联通共享

在法院系统推广示范性裁判机制，通过发挥示范性案件办理的引导、规范、预防和教育功能，化解高发频发纠纷、群体性纠纷，实现“审理一件、化解一批、预防一类”的案外效果。比如：针对供水供热供电等物业纠纷，实现“调解员在前就地化解、法官在后裁判支持”。

既注重发挥法院在诉源治理工作中的司法优势，又注重发挥行政职能部门的属地优势和行业协会的专业优势，进一步凝聚多元化解的社会治理合力。提升法院与网信办、金融局、司法局、公安局、信访办、街道等行政机关、行业协会的合作力度，亟须建立联席会商、信息共享的矛盾纠纷联合化解机制，促进群体性、重大纠纷第一时间响应和诉前化解。另外，结合接诉即办工作，亟须建立重点共性问题的专项治理机制。依据街道社区、行业协会等月报、季报、年报总结通报的群众诉求高频问题，组织开展专项治理研究，建立法院与街道社区、行业协会常态化的双向预警渠道，从而从源头上减少和避免矛盾纠纷。

（四）建立司法服务基层社会治理的响应和反馈机制

推进诉源治理工作站在辖区内所有街道全覆盖。建立与基层组织诉源治理“指导—协作”关系，积极指引、支持和促进基层党委政府依法、民主、科学决策，在完善自治章程、社区公约，研判重大矛盾纠纷等事项上提供司法意见，避免因源头决策失误引发矛盾纠纷。依托诉源治理工作站平台，与居委会、业委会、物管会等基层自治组织有效衔接，引导通过“民主协商”等方式预防和化解矛盾纠纷。

以推动基层社会治理法治化为重点，在基层党组织领导和基层政府主导下，充分调动基层群众自治组织和社会力量，推动自治、法治、德治“三治融合”。法治和德治相辅相成，相得益彰。法律是成文的道德，道德是人们内心的法律。法律和道德都具有规范社会行为，维护社会秩序的作用。法治是维护社会秩序的刚性手段，德治是维护社会秩序的柔性手段。在基层社会治理中既弘扬法治精神，又提高道德上的自律性。按照《中共中央、国务院关于加强基层治理体系和治理能力现代化建设的意见》，乡镇（街道）指导村（社区）依法制定村规民约、居民公约，健全备案和履行机制，确保符合法律法规和公序良俗。自治、法治、德治“三治融合”，在共同遵守法律的前提下，制定社区居民公约，对老百姓形成道德性约

束，消除潜在的、无形的矛盾纠纷。

（五）打破机制壁垒和行业壁垒，增加财政经费保障

完善诉源治理的配套机制，尤其是提高人、财、物资源调动能力，逐步探索建立经费保障的长效机制。亟须将诉源治理经费纳入财政专项经费预算，加大财政经费保障，确保运行资金充足，为调解员工作、调解组织发展、调解场地建设等提供经费支持，通过考核激励的方式激发调解员的工作积极性和价值感。

第八章　提高基层普法精准性和实效性促成法治社会建设

全民普法是全面依法治国的长期基础性工作。党的十九届五中全会提出，要深入开展法治宣传教育，有效发挥法治固根本、稳预期、利长远的保障作用，推进法治中国建设。普法工作要紧跟时代，进一步在普法的针对性和实效性上“下功夫”，落实“谁执法谁普法”普法责任制，强化“谁执法谁普法”“谁服务谁普法”“谁主管谁普法”，特别是要抓住关键少数，发挥领导干部“领头雁”作用，要持续加强青少年法治宣传教育，通过多种方式，不断提升全体公民的法治意识和法治素养，使法治成为社会共识和基本准则。

《中央宣传部、司法部关于开展法治宣传教育的第八个五年规划(2021—2025年)》中提出，要以提高普法针对性和实效性为普法工作着力点，强调把普法融入立法、执法、司法和法律服务过程，加大以案普法力度；要充分运用社会力量开展公益普法；要充分运用新技术新媒体开展精准普法，注重运用新技术分析各类人群不同的法治需求，加强对优秀自媒体制作普法作品的引导，建设融“报、网、端、微、屏”于一体的全媒体法治传播体系。在此，为适应群众对法治的需求，从“有没有”向“好不好”转变，实现法治需求与普法供给之间的动态平衡，以不断增长的群众法治需求为导向，持续优化普法工作，对不同群体的法治需求进行分析分类，进一步提升普法的针对性、精准性、实效性。

笔者曾参与北京市房山区政府制定“八五”普法规划，调研中发现，“七五”普法效果虽然显著，但也存在一些深层次矛盾和问题。近年来，法律培训呈萎缩趋势，基层党校部分法律教师并没有以讲授法律课程为主，主动或被动地转型承担党史党建党务方面的课程。法律课程在党校主体班课程设置中比重降低，如在一个月的主体班中，设置3—4讲法律课程，但在一周的进修班，很少设置法律课程。党校作为干部教育培训的主阵地和熔炉，法律培训力度亟须加强。立足法治社会建设的现状，回顾和总结“七五”普法经验，为推动“八五”普法工作更加优化和精细化，要持续提高普法工作的精准性和实效性，大力培养树立民众的法治信仰和法治认同，使其真正成为法治社会建设的内在驱动力。

一、将普法嵌入法治建设中是推进法治社会建设的必然趋势

嵌入理论是新经济社会学的核心观点之一，普法不是单一纯粹、孤立封闭的工作，而是受社会大环境影响，需要嵌入经济建设、政治建设、文化建设、社会建设、生态文明建设等五大建设中去。普法既要遵循宣传和传播的一般规律，又要遵循社会变迁和人类认知发展的规律。普法作为一个子系统，需要在“嵌入—融入”进程中，基于受到的外部冲击，由失衡转化为动态均衡，进而实现与社会其他子系统的良性互动。

进入中国特色社会主义新时代，普法工作的目标是提高全民族法治素质和道德素质。党的十八届四中全会首次把“全面守法”和科学立法、严格执法、公正司法等量齐观。为贯彻落实党的十八届四中全会和党的十九届四中全会精神提出的“坚持依法治国、依法执政、依法行政共同推进，坚持法治国家、法治政府、法治社会一体建设”的要求，中共中央、国务院密集出台了《法治社会建设实施纲要（2020—2025年）》《法治中国建设规划（2020—2025年）》《法治政府建设实施纲要(2021—2025年)》《关于加强社会主义法治文化建设的意见》。以北京市为例，2021年8月，北京市出台了《市委宣传部、市司法局关于在全市开展法治宣传教育的第八个五年规划（2021—2025年)》，所属16个辖区随后制定出台各区的“八五”普法规划，谋划和布局未来五年的法治宣传工作。

（一）用系统思维看待普法的功能和价值

2020年，中央全面依法治国工作会议首次强调，“全面依法治国是一个系统工程，要整体谋划，更加注重系统性、整体性、协同性。依法治国、依法执政、依法行政是一个有机整体，关键在于党要坚持依法执政、各级政府要坚持依法行政。法治国家、法治政府、法治社会相辅相成，法治国家是法治建设的目标，法治政府是建设法治国家的重点，法治社会是

构筑法治国家的基础”[①]。普法工作从字面上讲，是宣传和普及层面的工作，需要消除普法系统内压力大和普法系统外不甚重视、淡化、边缘化的割裂状态。普法的深层价值在于厚植法治的社会土壤和思想根基，持续提升全体公民的法治意识和法治素养，是一个潜移默化长期渐进的过程。北京比较好的经验和做法是重视普法的组织保障工作，各区都成立了区委全面依法治区委员会守法普法协调小组，充分发挥工作小组的统筹协调作用，有效运用重要事项会议审议、督促落实、调查研究、联络沟通机制，保证普法工作落实到位。区级层面的全面依法治区委员会守法普法协调小组的成员是各普法责任单位的主要党政领导，并作为第一责任人承担普法责任。

（二）推动普法宣传与法治文化建设深度融合

“八五”普法的目标是：在微观层面上提升公民法治素养，在中观层面上提高社会治理法治化水平，在宏观层面上推进国家治理体系和治理能力现代化。《关于加强社会主义法治文化建设的意见》中强调，加大全民普法力度，在针对性和实效性上下功夫，落实“谁执法谁普法”的普法责任制，加强“以案普法”“以案释法”，发挥典型案例引领法治风尚、塑造社会主义核心价值观的积极作用，不断提升全体公民法治意识和法治素养。党委宣传、网信、法院、检察院、教育、财政、文化和旅游等部门要发挥职能作用，积极推进法治文化建设。这是中央层面首次提出的各部门按照“谁主管谁负责”的责任制，目的是大力加强本部门、本行业、本系统的法治文化建设。上述意见细化了普法责任制，明确了执法机关、党委等主管部门普法职责。

（三）把普法融入立法、执法、司法、法律服务等法治的全过程和各环节

把普法实时融入立法、执法、司法、法律服务等法治的全过程和各环节，意味着普法并不是纯粹的宣传活动，不是“孤军作战”的工作，而是一个“牵一发而动全身”的系统工程。一方面，要把普法和立法机关的立法活动、行政机关的执法活动、司法机关的司法活动、律师等法律服务工

① 习近平：《坚定不移走中国特色社会主义法治道路 为全面建设社会主义现代化国家提供有力法治保障》，载《求是》2021 年第 5 期。

作者的法律服务实时联动整体结合在一起。比如，人大开门立法、设立基层立法联系点、网上直播执法现场和司法审判现场、生效法律文书在线查询、失信联合惩戒名单公示等，都属于将“纸面上的法律”变成“现实中的法律”的普法宣传。公众在一个个具体生动的案例中，能够形象地感受到什么可以做，什么不可以做，从而逐步树立规则意识，明确行为界限。另一方面，司法本应发挥定分止争功能，作为社会公平正义的最后一道防线，但现实中存在的“司法不公”现象，导致司法公信力受损，降低了社会公众对法治的信赖。“法外用权”“法律白条”等情形足以销毁以前多年所积累的正面宣传效果。司法机关在普法工作中的着力点和重点任务应是发挥在司法裁判中树立行为规则，并教育引领社会风尚的作用。

（四）构建全覆盖、网格化的大普法格局

健全完善党委领导、政府主导、人大监督、政协支持、部门各负其责、社会广泛参与、人民群众为主体的法治宣传教育体制，逐步形成大普法工作格局。类似大宣传格局、大统战格局，各部门形成合力，实行联合普法机制，扩大法治宣传教育覆盖面、影响力。在建设人人有责、人人尽责、人人享有的社会治理共同体中，公民个体既是目的，又是手段；社会公众既是普法的客体，又是普法的主体。普法责任单位应避免“大水漫灌”式的普法宣传，应该通过提升人民群众在普法中的参与度、体验感，真正发挥社会公众在法治宣传中的主动性、积极性，提高人们对法治宣传的接受度和认同感。

二、基层普法工作面临的矛盾和问题

在“八五”普法期间，在社会结构进一步变化和调整的背景下，人们对公平、正义、民主、法治的需求越来越高。“七五”普法遗留下的如普法工作表面化、碎片化，普法内容宽泛化、政治化，普法考核重形式、轻效果等问题，使得当前的普法工作不能完全满足全面推进依法治国的要求，具体反映在以下六个方面。

（一）抓重点普法与全面普法的矛盾

纵观历次全国普法规划，普法重点对象呈现扩大趋势，目的是以点带面，实现向“一切有接受教育能力的公民”普法，实行公民终身法治教育。法治宣传抓住“国家工作人员、青少年、企业经营管理人员、村

(居)民”等重点，进行分层、分类培训。“八五”普法新增加了“村(居)民”为普法重点，开展民主法治示范村（社区）建设，这也是适应了乡村振兴战略背景下深入推进法治乡村建设的客观需要。根据2021年5月第七次全国人口普查统计，2020年，全国人户分离达到4.93亿人，约占总人口35%，其中，流动人口3.76亿人，十年间增长了将近70%。[①] 北京常住人口有21893095人，0—14岁的人口，占11.84%，15—59岁的人口，占68.53%，60岁以上人口占19.63%。[②] 在受教育方面，北京每10万人中拥有大学教育的人数全国居首，达到41980人。[③] 北京作为超大城市，伴随着城镇化率的提高，“八五”普法期间常住流动人口比例构成也发生了显著变化。北京“八五”普法延续“七五”普法的做法，将国家工作人员、青少年、企业经营管理人员、村居民等划为重点人群，遗憾的是没有把外来务工人员作为普法重点。外来务工人员作为城市的常住人口，离开原来的乡村，不受乡规民约的束缚，但尚未完全融入城市，接受城市社会规范体系的约束，因此原户籍所在地和常住地都没有把其作为普法重点。“八五”普法期间，应该坚持普法全覆盖、无死角的原则，适时调整普法重点人群，将外来务工人员纳入普法重点人群。比如：在外来务工人员比较集中的建筑、餐饮、快递、网约车等行业开展“短平快”实用性强的法律宣传。

（二）推进基层社会治理中改革的超前性和法治意识滞后的矛盾

在深化城乡基层依法治理方面，把市域社会治理现代化作为切入点，才能构建富有活力和效率的新型基层社会治理体系。目前，北京市人大常委会通过了《北京市街道办事处条例》《北京市接诉即办工作条例》，原来由北京市、区有关部门承担的部分行政处罚权、行政强制权正式下放至街道办事处和乡镇人民政府，共涉及相关职权431项，其中，涉及城管执法

① 国家统计局．第七次全国人口普查公报（第七号），载国家统计局网2021年5月11日，http://www.stats.gov.cn/tjsj/tjgb/rkpcgb/qgrkpcgb/202106/t20210628_1818826.html。

② 国家统计局．第七次全国人口普查公报（第五号），载国家统计局网2021年5月11日，http://www.stats.gov.cn/tjsj/tjgb/rkpcgb/qgrkpcgb/202106/t20210628_1818824.html。

③ 国家统计局．第七次全国人口普查公报（第六号），载国家统计局网2021年5月11日，http://www.stats.gov.cn/tjsj/tjgb/rkpcgb/qgrkpcgb/202106/t20210628_1818825.html。

部门393项，与生态环境、水务、卫生健康及农业农村部门有关的共38项。[①] 虽然在北京的街道和乡镇挂牌成立了综合行政执法队，街道和乡镇能否接得住，管得好，立法部门和上级执法部门对此尚存疑虑，有待在实践中进一步检验和调整。

把法治宣传教育融入系统治理、依法治理、综合治理、源头治理等方面，推动公民法治观念的逐步养成，培养规则意识和契约精神，让依法工作和生活真正成为一种习惯，避免"诉讼爆炸""恶意诉讼"，推动"无讼"社区（乡村）建设。当人们普遍接受现代法治理念，遇到矛盾和纠纷能够理性寻求法治方式和途径来解决，社会治理难度会大大降低。通过法治宣传引导群众依法合理表达诉求，维护合法的权益，有利于促进社会和谐稳定。

（三）培育法治文化有形载体与无形载体的矛盾

《意见》首次明确，社会主义法治文化建设的日常工作由司法行政部门具体负责，而不是文化部门。《意见》强调，将法治文化作为优化营商环境的重要内容，作为法治示范创建、精神文明创建、平安中国创建等创建指标体系的重要内容。法治环境、法治文化、法治氛围基本属于同一范畴，如何将法治文化作为可以量化的指标？是以有形的法治文化建设基地的数量还是质量作为考核的重要指标？如何分层次建设一批具有地域特色的法治文化建设示范点或者示范基地？

"无法"并不影响乡土社会的秩序，因为乡土社会是"礼治"的社会。[②] 在经济高速发展和城镇化的背景下，乡村出现了村庄空心化现象，乡村青壮年劳动力人口向城市聚焦，导致农村留守老人和儿童比率较高，缺乏活力。在压缩式现代化的进程中，人们的思想观念也逐步发生了变化，对社会风俗习惯的认同度低，乡土意识弱化。如何在乡村推动法治文化与乡土文化融合，是值得我们思考的底层逻辑问题。按照《北京市加强法治乡村建设三年行动计划（2020—2022）》，北京市民主法治示范村覆盖率2020年达到15%，2021年达到20%，2022年达到30%，建立起民主法

---

① 《昨起，北京431项行政执法权下放至街道》，载北京日报网2020年7月2日，http://ie.bjd.com.cn/5b165687a010550e5ddc0e6a/contentApp/5b16573ae4b02a9fe2d558f9/AP5efd1a83e4b086b26dfc6a10? isshare=1。

② 费孝通：《乡土中国》，生活·读书·新知三联书店2013年版，第47页。

治示范村动态管理机制。要持续推进农村法治文化阵地建设，实现“一村一法治文化阵地”，通过有形的法治文化阵地建设推动助力无形的法治文化建设。

（四）普法不均衡和普法饱和的矛盾

我国普法饱和与普法不均衡的情况并存。应当尊重普法的客观规律，完善普法工作，提升普法针对性、实效性。普法饱和度是指在定量的人力、物力、财力投入下，即使再增加投入，普法效果提升仍然有限。按照“八五”普法的工作要求，各级政府要根据实际工作需要确定法治宣传教育经费并纳入本级财政预算，建立健全工作经费动态增长机制。各部门单位安排普法专项经费，确保专款专用，“精准滴灌”式普法。

普法不均衡是指在某些领域、某些行业、某些地区普法供给过剩和普法供给不足同时并存。例如：在首都功能核心区和远郊区，普法呈现不均衡态势，资源投入、人员队伍建设等存在差距。尤其在农村，普法是难点，法治乡村建设和乡村振兴战略应当是同步开展。以北京市通州区马驹镇为例，马驹镇面积为 82 平方千米，截至 2019 年 10 月，下辖共 8 个社区，45 个村，截至 2018 年末，户籍人口 51576 人，因临近亦庄工业园区流动人口达到 30 万人[①]，总人口数量堪比一个县城，而且人口密度大，目前的普法力量难以满足现实的普法需求，普法工作人员缺口大。有些偏僻乡村，现代化水平低，留守人口严重老龄化，普法宣传难度大。有的村民思想偏封建保守，法治观念远远滞后于新时代的发展，法治意识薄弱。比如：“重男轻女”封建思想仍盛行，认为外嫁女没有继承权。在远郊区，重点关注群体是留守儿童、被家暴的妇女、被虐待的老年人等弱势群体，在提供法律援助服务的同时应立足实际，有针对性地开展普法宣传。

（五）普法内容是侧重法律条文还是法治理论的矛盾

“八五”普法规划强调，实行公民终身法治教育制度，把法治教育纳入干部教育体系、国民教育体系、社会教育体系。在普法过程中，是重点普及法律法规条文还是普及法治理论，主要取决于普法对象的受教育程度。宪法是历次普法的重点。以义务教育阶段为例，涉及青少年普法的初

---

① 《30 万马驹桥人急盼地铁!》，载北京日报网 2022 年 1 月 8 日，https：//baijiahao. baidu. com/s？ id = 1721390856585265409&wfr = spider&for = pc。

中八年级《道德与法治》教材侧重于普及法治理论，学生对抽象的法治理论不甚理解，只能死记硬背，反而不如直接普及宪法第二章“公民的权利和义务”法条，效果更好。在民法典宣传普及过程中，应当突出民法典重点条款普及率，民法典体量大，编章结构复杂，法条数量多达1260条，可以结合普法对象的关注点和实际需求，选择重点法条宣讲。

针对成年人群体，如国家工作人员、企业管理人员，可在继续教育阶段将法治理论作为普法的侧重点。法治观念的培养，对于个体而言，是一个循序渐进的自我成长过程，是应当从“对他人讲道德、对自己讲法律”转化为“对自己讲道德、对他人讲法律”，从“他律”到“自律”，从接受“硬规则”到接受“软规则”的约束。成年人群体应当从法律层面不断扩充法律知识储备，提升法律素养，树立法治信仰，自觉养成“以法律为准绳，办事依法，遇事找法，解决问题用法，化解矛盾靠法”的思维习惯。

（六）普法的价值导向是形式法治理念还是实质法治理念的矛盾

纵观我国多个普法规划文本，伴随经济社会发展，普法内容呈现逐步细化发展态势，具有由制度普及、理论普及向理念普及、文化普及过渡的特点。在开展普法的过程中，对于一些法律问题只是留于表面的理解和解读，没有深入地说理释法，致使法治宣传教育难以达到理想效果。依通说，宪法法律至上、法律面前人人平等、限制和约束公权力、保障人权，重视法律规则的作用甚于道德的作用，重视程序正义甚于实体正义，重视稳定性、可预期性甚于重视变动性和灵活性等是属于主流的实质法治理念。在实践中，有的地方官员在重大行政决策“公共参与”环节，程序上“走过场”，忽视“实质法治”，使得普法浮于表面。从长期来看，应培养实质法治理念，形成对社会主义法治的情感认同和政治认同，真正培养对法治的信仰。

三、提高基层普法工作精准性和实效性的思考

目前，尚未出台国家层面的《法治宣传教育条例》，建议北京市人大率先出台《北京市法治宣传教育条例》，通过有针对性的“小切口”立法，使普法工作真正有法可依，依法开展。在“八五”普法期间，建议主要从以下四个方面提高基层普法的精准性和实效性。

（一）适应新媒体、自媒体时代，运用新平台创新基层普法的形式和内容

当下，普法不能仅局限于在墙上刷标语、贴宣传画这些传统形式。移动互联网给普法带来了巨大的机遇和挑战，截至 2021 年 12 月，我国网民规模达到 10.32 亿人，互联网普及率达到 73.0%，网民使用手机上网的比例达到 99.7%，人均每周上网时长达到 28.5 个小时，互联网深度融入人们日常生活。[①] 尤其是新生代年轻人，无论生活在城市还是农村，对于手机依赖严重。普法宣传主阵地应该放在手机屏幕和电脑端口上，而不是局限于传统的橱窗和电子显示屏。要充分利用当前新媒体发展态势，把普法宣传主阵地转移至线上，在运用传统方式开展普法宣传的同时，线上线下相结合，优化普法宣传方式，提升普法宣传实效。

在自媒体、短视频时代，人人都可以成为主播。和传统纸质媒体时代的传播规律完全不同，受众接受信息的主流渠道，不再是“被接收式”“被推送式”，而是“主动点播式”“主动上传式”。受众不再仅仅是法治宣传、意识形态宣传的客体，而是越来越有主体意识，应充分发挥其主观能动性。结合重大的时事问题、社会热点问题，普法部门应当适应时代的变迁，以贴近群众生活的方式，在网络阵地上发出正能量的声音，持续引导社会舆论，对不当或偏激的言论进行纠正。

北京司法部门与首都高校、科研机构、律师事务所合作，吸纳有号召力的社会力量、有识之士走出“象牙塔”，做“接地气”的公益普法工作者。比如：中国政法大学教授罗翔，在 B 站、抖音、快手等平台有数千万人关注，民众认可度高，视频内容取得了较好的普法效果。另外，农村的普法方式和城市应当有所区别，基层农村群众更能接受直观具体、活生生的贴近其生产生活的案例。结合“三下乡”活动（指的是文化、科技、卫生“三下乡”），大张旗鼓地开展法治下乡，将抽象的法律法条变为老百姓喜闻乐见、易于理解的案例故事，做到“以案释法”。树立务求实效的普法观念，把社会效益放在首位，不断地推出优秀的法治文艺作品，寓教于乐，以扩大普法受众面，增强影响力。

---

① 《CNNIC 发布第 49 次〈中国互联网络发展状况统计报告〉》，载搜狐网 2022 年 2 月 25 日，https：//www. sohu. com/a/525483294_ 100106801。

（二）探索形成按需设置、动态调整、覆盖全面的普法项目管理机制

进入新时代，以满足人们日益增长的对于民主、法治、公平、正义等方面需求为普法导向，应更加注重“按需普法”，避免“作秀式”普法。将普法考核指标体系细化为公民对新出台修改法律法规的知晓度，法治精神的认同度，法治实践的参与度等软指标，而不是举办法治讲座次数等硬指标。在大普法格局下，贯彻落实“谁执法谁普法”“谁主管谁普法”“谁服务谁普法”的普法责任制，赋予党委等主管部门、执法部门、公共事业单位、法律服务部门、媒体部门明确清晰的普法责任，形成“政府守法、老百姓也守法”良性循环的法治生态环境，避免“政府守法、老百姓不守法”或者“老百姓守法、政府不守法”的法治不彰现象。北京市自2019年开展“接诉即办”工作以来，针对“每月一题”所集中反映的社会重大问题，如新就业形态劳动者劳动保障、房产证办理难等问题，在解决诉求的过程中有针对性地开展相应的普法工作，取得了良好效果。

普法工作本质上属于公共服务，向全社会提供公共产品，在此可以探索采用项目管理机制，尝试市场化运作、第三方外包、专业分工和合作共赢等灵活方式，提高普法的实效性。市区级司法行政部门应建立健全法治宣传教育推进制度，负责全程监管和引导指导、定期考核、量化管理，把普法的实效性纳入检验和评价法治政府建设、法治社会建设的指标体系之中。

（三）均衡配置普法资源，向薄弱地区和弱势人群倾斜

适应人民群众对法治的需求从“有没有”向“好不好”转变，均衡配置普法资源，消除“法治地图”不平衡、不充分的现象。例如，2021年5月，北京城市副中心“法治地图”正式上线，市民只需轻点手机，就可以查询身边的法律服务机构及其办事指南和服务信息。在公共法律服务平台建设方面，北京市推出了市区级普法平台，推进普法重心下移，向普法基层一线倾斜，推动各类资源下沉到基层社区（乡村）。远郊区的乡村是首都“法治地图”中最为薄弱的地区，通过实施乡村“法律明白人”培养工程，落实一村一法律顾问制度，加大乡村普法力度。按照《北京市加强法治乡村建设三年行动计划（2020—2022）》，在区级层面设置公共法律服务

中心，在乡镇设置公共法律服务站，建成率达到100%。法律服务站响应力高，在提供法律服务的同时，加大对基层矛盾纠纷的排查化解力度，发挥基层矛盾纠纷预防和调处的“第一道防线”功能，尽可能做到“小事不出村、大事不出乡、矛盾不上交”。此外，加强乡村公共法律服务，为妇女、残疾人、老年人、农民工等弱势群体提供优质便捷的法律服务，提高其依法维权的能力和水平，引导其“遇事不怕事”，运用法律武器理性正当维权。

（四）培养既懂传播规律又懂法律的普法人才队伍

“普法队伍”这个群体的素质决定了普法工作的质量。提高普法的实效性和精准性，关键是靠“人”。人才是核心要素，新发展阶段对普法人员的综合素质也提出了更高的要求，需要培养既懂传播规律又懂法律的复合交叉型人才。针对国民教育系列，探索“法学+教育学”双学士人才师资队伍的培养。加强对媒体从业人员的法治教育，将法治素养作为从业资格考评的重要内容，提高其运用法治思维和法治方式解读社会问题、引导社会舆论的能力。过去考核检查普法工作，主要是习惯于考核开会次数，材料数量，讲座次数，导致基层“走形式”和敷衍，随着全面依法治国的深入推进，对于普法提出了更高的标准和要求，普法不再是走“形式”，而是“走心入脑”。普法人员需要懂得媒体传播规律，善于做沟通调解工作，能依法化解各种社会矛盾，能够以“法”服人、以“法”育人，让民众真正在思想和行动上尊法学法守法用法。

畅通普法宣传的“最后一公里”，发挥律师等法律服务队伍的积极作用。法律服务队伍活跃在广大城乡，是法治社会建设的重要力量。截至2022年底，我国共有执业律师65.16万多人，全国律师每年办理刑事、民事、行政等各类诉讼案件超过800万件。全国有5.6万多名基层法律服务工作者，为全国各行政村、社区提供法律顾问服务。律师和法官、检察官相比而言，更具有普法的先天优势。现代社会的人们在遇到纠纷时，不再是“找关系”，会在第一时间去找律师咨询和解决。律师职业群体的声誉很大一部分取决于具体案件当事人的主观评价，更大程度上依赖于“法律人”对公平正义的天然追求。应当积极引导法律服务工作者依法依规诚信执业，认真履行社会责任，利用自身职业优势和法律素养，积极参与开展普法工作，引导全社会形成崇法向善的良好风尚。

第九章　优化营商环境的法治化路径分析

自2013年首次提出“优化营商环境”以来，我国以深化“放管服”改革为抓手，以简政“减税”减费为重点，取得了一些实效。习近平总书记强调：“营商环境没有最好，只有更好。民营经济是我国经济制度的内在要素。”党的十九届四中全会强调：“健全支持民营经济、外商投资企业发展的法治环境，完善构建亲清政商关系的政策体系，健全支持中小企业发展制度，促进非公有制经济健康发展和非公有制经济人士健康成长。营造各种所有制主体依法平等使用资源要素、公开公平公正参与竞争、同等受到法律保护的市场环境。”党的十九届五中全会强调：“坚持和完善社会主义基本经济制度，充分发挥市场在资源配置中的决定性作用，更好发挥政府作用，推动有效市场和有为政府更好结合。要激发各类市场主体活力。”党的二十大强调：“优化民营企业发展环境，依法保护民营企业产权和企业家权益，促进民营经济发展壮大。支持中小微企业发展。深化简政放权、放管结合、优化服务改革。构建全国统一大市场，深化要素市场化改革，建设高标准市场体系。完善产权保护、市场准入、公平竞争、社会信用等市场经济基础制度，优化营商环境。”很多地方政府都面临经济格局深刻调整和经济转型升级、高质量发展的外在要求，面临产业转型和空间布局调整的“瓶颈”问题，亟须优化营商环境。笔者主要从完善体制机制层面，从法治角度分析和研究如何营造法治化营商环境，规范市场主体和政府的行为，做到规则公开透明、监管公平公正，依法保护各类市场主体合法权益，使营商环境更加公平、透明和可预期。

一、优化营商环境与法治化之间的内在逻辑

党的十八届四中全会提出了全面推进依法治国的总目标，是建设中国特色社会主义法治体系、建设社会主义法治国家。法治的精神是控制、规范和约束政府公权力。从本质上看，市场经济是基于契约精神的法治经济。政商关系的实质是政府与企业家之间的关系，营商环境实质上是政府

在企业开办、办理施工许可证、获得电力、登记财产、获得信贷、保护少数投资者、纳税、跨境贸易、执行合同、办理破产等环节所提供的政务服务和制度保障。而优化营商环境的核心和关键在于“法治化”，特别是要以法治化来强化政府的契约精神，从制度层面进一步履行企业便利化等社会契约。[①] 从这个意义上讲，政府应当以推进法治化营商环境建设为抓手，以实现治理体系和治理能力现代化为近期目标，以实现法治政府建设为远期目标。具体来说，关于“优化营商环境”的法律和政策依据如下。

（一）法律依据

2019 年 10 月，国务院公布《优化营商环境条例》，总结有效经验做法，对标国际先进水平，以政府立法为各类市场主体投资兴业提供制度保障。在该条例中，营商环境被定义为企业等市场主体在市场经济活动中所涉及的体制机制性因素和条件，并主要从市场主体保护、保护市场主体合法权益、市场环境、政务服务、监管执法的角度作出明确的要求。其中，专门有一章规定了“法治保障”，其中，第 64 条规定，没有法律、法规或者国务院决定和命令依据的，行政规范性文件不得减损市场主体合法权益或者增加其义务，不得设置市场准入和退出条件，不得干预市场主体正常生产经营活动。涉及市场主体权利义务的行政规范性文件应当按照法定要求和程序予以公布，未经公布的不得作为行政管理依据。司法部、发展改革委负责人回答记者提问，认为出台《优化营商环境条例》的重要意义，在于把近年来各地区、各部门在优化营商环境方面大量行之有效的政策、经验、做法上升到法规制度，使其进一步系统化、规范化，增强权威性、时效性和法律约束力，从制度层面为优化营商环境提供更加有力的保障和支撑。此外，条例还将进一步增强各级政府以及社会各方面对优化营商环境的意识，在全社会营造优化营商环境的浓厚氛围。[②]

2020 年 5 月，第十三届全国人大三次会议颁布民法典，民法典对推进全面依法治国、加快建设社会主义法治国家，对发展社会主义市场经济、巩固社会主义基本经济制度，对坚持以人民为中心的发展思想、依法维护

---

① 宋林霖、张培敏：《优化营商环境：成效、挑战与对策》，载《财政监督》2019 年第 14 期。

② 《为各类市场主体投资兴业提供制度保障——司法部、发展改革委负责人就〈优化营商环境条例〉有关问题答记者问》，载中央电视台网，http：//news. cctv. com/2019/10/24/ARTIvwF6e1U05TtNr8n02yOw191024. shtml。

人民权益、推动我国人权事业发展，对推进国家治理体系和治理能力现代化，都具有重大意义。国家机关履行职责、行使职权必须清楚自身行为和活动的范围和界限。① 民法典为政府公权力行使与市场主体自由活动之间划定了界限。深入推进法治政府建设，包括建设有限政府、有为政府、诚信政府、守法政府、责任政府，而不是过去计划经济时代的无限政府、全能政府。民法典是市场经济的基本法，以权利平等、机会平等、规则平等保障各类市场主体公平准入。在市场经济体制下，要充分发挥市场、社会及公民的作用，凡法律规定由市场竞争机制自由调节、行业组织或者中介机构自律管理、公民自主决定的事项，政府机关不得利用行政权力加以干预，如政府机关不得随意设定行政许可，不得随意对市场价格设定强制性标准，不得随意以行政权力插手民事和经济纠纷等。

（二）政策依据

2020 年 5 月 11 日，中共中央、国务院发布了《关于新时代加快完善社会主义市场经济体制的意见》，提出：健全支持民营经济、外商投资企业发展的市场、政策、法治和社会环境，进一步激发活力和创造力。在要素获取、准入许可、经营运行、政府采购和招投标等方面对各类所有制企业平等对待，破除制约市场竞争的各类障碍和隐性壁垒，营造各种所有制主体依法平等使用资源要素、公开公平公正参与竞争、同等受到法律保护的市场环境。完善支持非公有制经济进入电力、油气等领域的实施细则和具体办法，大幅放宽服务业领域市场准入，向社会资本释放更大发展空间。健全支持中小企业发展制度，增加面向中小企业的金融服务供给，支持发展民营银行、社区银行等中小金融机构。完善民营企业融资增信支持体系。健全民营企业直接融资支持制度。健全清理和防止拖欠民营企业中小企业账款长效机制，营造有利于化解民营企业之间债务问题的市场环境。该意见提出，以保护产权、维护契约、统一市场、平等交换、公平竞争、有效监管为基本导向，为不断完善社会主义市场经济法治体系指明了方向，为构建法治化的营商环境提供了政策依据。

2022 年 3 月 25 日，中共中央、国务院通过了《关于加快建设全国统一大市场的意见》提出了建设全国统一大市场是构建新发展格局的基础支

① 习近平：《充分认识颁布实施民法典重大意义　依法更好保障人民合法权益》，载《求是》2020 年第 12 期。

撑和内在要求。破除地方保护和区域壁垒。指导各地区综合比较优势、资源环境承载能力、产业基础、防灾避险能力等因素，找准自身功能定位，力戒贪大求洋、低层次重复建设和过度同质竞争，不搞“小而全”的自我小循环，更不能以“内循环”的名义搞地区封锁。建立涉企优惠政策目录清单并及时向社会公开，及时清理废除各地区含有地方保护、市场分割、指定交易等妨碍统一市场和公平竞争的政策，全面清理歧视外资企业和外地企业、实行地方保护的各类优惠政策，对新出台政策严格开展公平竞争审查。加强地区间产业转移项目协调合作，建立重大问题协调解决机制，推动产业合理布局、分工进一步优化。鼓励各地区持续优化营商环境，依法开展招商引资活动，防止招商引资恶性竞争行为，以优质的制度供给和制度创新吸引更多优质企业投资。这意味着，全国要避免通过市场分割、地方保护来“恶性”竞争，而是要通过加快推动全国统一大市场建设，促进地方政府和企业主体转换观念，在优化营商环境过程中激发市场活力和发挥公平竞争的优势。

二、建设法治化营商环境所面临的主要问题

2019 年 10 月，世界银行发布《2020 年营商环境报告》。在全球 190 个经济体中，中国的总体排名比 2018 年上升 15 位，名列第 31 名，这也是世界银行营商环境报告发布以来中国的最好名次。2021 年 9 月，世界银行发布声明决定停发《全球营商环境报告》。世界银行中国局局长芮泽（Martin Raiser）表示，中国为改善中小企业的国内营商环境做出了巨大努力，在全球营商便利度获得更高排名，最主要的原因是中国政府，特别是北京和上海的当地政府，决心改善营商环境，寻找主要约束的所在，凝聚公共职能部门的力量，包括制定法规的部门和推行法规的部门等。① 该报告旨在对企业存在周期内所适用的法规进行评估，并对所涉及的经济体进行排名。世界银行评价营商环境指标体系包括以下 10 个指标：开办企业、办理施工许可证、获得电力、登记财产、获得信贷、保护少数投资者、纳税、跨境贸易、执行合同、办理破产。笔者对照上述评价指标和体系，发现一些长期困扰市场主体的痛点、难点、堵点问题仍然突出，政策和法律落地

① 《世行发布营商环境报告：中国进入前40 上升15 位》，载中国新闻网，https：//www. chinanews. com/gn/2019/10 - 24/8988119. shtml。

难，有的政策空转，没有真正有效地贯彻和实施，实效性不强。现梳理出营商环境所存在的问题，主要表现在以下几个方面。

（一）民营企业的合法权益缺乏有力的法治保障，民营企业家缺乏安全感

如果不能保护市场主体合法权益，市场将缺乏活力和创新。企业家只有在一种情况下才会进行创新，就是他们能够获得长期收益，而这种长期收益需要获得法律的保障。[①] 在保护自主经营权、保护财产权、保护知识产权、保护中小投资者、治理拖欠企业财款等方面，尚缺乏完善的纠纷解决机制。有的地方政府出台政策，前后政策标准不统一，政策缺乏稳定性和延续性，导致企业难以适从，无法进行正常的生产经营活动。有些民营企业反映在招商引资过程中，侵害了企业的正当合法权益。有的地方政府换届，领导人事更迭之后，推责诿权，规避解决历史遗留问题。有的地方政府拒不执行法院作出的生效裁判，甚至有少数政府行政机关“打白条”，长期拖欠企业款项，这些都源于少数行政机关工作人员契约意识淡薄，没有提供基本的法治保障。

（二）存在看不见的“隐形门槛”，难以实现公平竞争

实践中，不能平等对待各类市场主体，对于市场准入、平等获取要素、招标投标和政府采购等方面，歧视民营企业。调研座谈中，部分民营企业家反映，民营企业的发展环境和空间仍不同程度地存在各种隐形壁垒和体制性障碍，主要表现在以下几点。

1. 民营企业特别是小微企业面临融资难、融资贵的痛点

据不完全统计，银行系统贷给国企的贷款占贷款总额的80%，而贷给民营企业的贷款只占20%，银行贷款区别对待国企和民企的原因主要是国企有天然的优势地位，有国有资产背书，民营企业被“标签化”，银行认为民营企业缺乏抵押品，缺乏健全的财务制度，贷款坏账风险大，民营企业和银行之间信息不对称。商业银行出于利益最大化考虑，区别对待国企和民企，选择性发放贷款，在金融机构信用评级、授信、利率上歧视民营企业和小微企业，政府缺乏行之有效的帮扶政策和措施支持民营企业多渠

① 张维迎：《创新不可预测，我们需要企业家精神》，载人民网 http：//sh. people. com. cn/n2/2020/0713/c134768 -34153170. html。

道融资。

2. 民营企业在某些领域被歧视性对待，限制竞争

在我国，外商控股、无政治关联、非出口、非高新技术以及企业家为男性、更年轻的企业对营商环境更敏感；在七大维度的营商环境上，首先是企业对投资优惠政策的公平性最敏感；其次是财税补贴的透明性、产权的保护程度以及政府公共服务的及时性，其他方面则相对较弱。[①] 在调研中，据民营企业家反映，在资金投向、政府采购、招标投标、土地供应、税收优惠、费用减免、项目申报等方面难以享受到与国有企业、集体企业的同等待遇，仍然面对极不公平的市场竞争环境，尤其是在政府采购、政府重大项目、重点工程（如某城区的腾退空间再利用、疏解整治促提升、对口地区援建）的招投标方面。招标文件往往设置过高条件或者资质，招投标公告本身存在歧视性、限制性的要求，导致民营企业不能参与招投标，无法参与公开公平竞争。

3. 部分行业市场准入门槛高

尽管政策上规定了民营企业可以进入法律未禁止的领域，但许多领域投资准入仍实行严格的“牌照管制”，如教育、医疗、文化等领域，仍保留了一定的行政审批和行政管制。政府部门有的“审批权”放权不到位，变相设置备案、年检、认证、认定等其他形式的“审批权”，导致企业对“放管服”改革的安全感和获得感不强。审批事项过于复杂，企业不得不踩着“红线”良性违法。2018 年 11 月起启动的“证照分离”改革，和之前的“一窗通办”“多证合一”改革，主要是为了化解“准入不准营”的企业经营高门槛难题。政府部门在放松对开办企业的要求方面实施的改革力度最大，以北京市为例，北京市已经实现新开办企业的整体成本为零，企业开办时间从受理申请到领取税务发票压缩至 3 天时间以内。但是，对于企业成立后，能否顺畅运营（如通电通水、消防达标等方面）不太关注，准入不准营等突出问题依然没有得到彻底解决。

（三）运动式执法、多头执法、重复执法使得企业不堪重负

在调研北京某商业街区时，企业家代表反映，有的政府部门对企业管得过多、过细，以消防检查为例，有执法权的公安、消防，无执法权的负

---

① 陈太义、王燕、赵晓松：《营商环境、企业信心与企业高质量发展——来自 2018 年中国企业综合调查（CEGS）的经验证据》，载《宏观质量研究》2020 年第 2 期。

有属地责任的街道等单位多头执法、重复执法，而且执法标准不规范、不统一，使企业无所适从，左右为难，这严重影响了企业正常的经营活动。在该商业街，也同样存在职业打假人的敲诈渔利活动，严重干扰了企业的正常经营秩序，政府有关市场监管部门缺乏风险提示和规范引导。

（四）事中监管和事后监管、信用监管不到位

简政放权之后，出现了“监管真空”，事中监管和事后监管、信用监管不到位，没有及时无缝衔接。“双随机、一公开”监管模式，即随机抽取检查对象，随机选派执法检查人员的抽查情况和查处结果及时向社会公开，早在2015年时提出，但是到目前为止，由于执法力量不足、执法人员素质不高等原因，行政执法过程中尚没有完全遵循“双随机、一公开”监管模式，甚至还存在个别执法人员把监管企业当“提款机”，有“吃拿卡要”“权力寻租”的潜规则，侵害企业利益的现象。

政府部门在信用监管方面力量薄弱，调研时，很多企业家强调合法经营和诚信经营的重要性。但是，市场“劣币驱逐良币”的不诚信经营行为，没有得到有效遏制，没有形成“一处失信、处处受限、寸步难行”的失信惩戒机制体制。有关社会信用方面的地方性立法缺失和空白，导致了对失信方面的惩戒仅仅局限在道德层面，没有上升为法律执行层面。

另外，执法自由裁量权被滥用现象依然存在，有的市场监管单位动辄顶格行政处罚，滥用行政处罚的自由裁量权，导致企业敢怒不敢言，扰乱了正常的市场经营秩序。有的部门执法时采取“一刀切”等简单粗暴的方式，对实际发生的情况没有标准化规范化处理，没有按照行政比例原则做到“不同情况，不同对待”。

（五）信息壁垒阻碍了“互联网+”政府的目标实现

在调研中，信息公开和信息共享存在隐形壁垒，政务不够公开透明，导致制度性交易成本较高。一方面，信息公开的义务机关对外发布信息时，把握不准哪些信息是依职权公开，哪些信息是依申请公开，信息公开比较随意、任性，不够及时、准确和透明，没有切实做到“以公开为原则，以不公开为例外”。政府工作人员信息公开意识参差不齐，应该主动公开的信息公开力度不够大，不够及时，公开的方式和途径群众知晓度低，没有融合线上线下同时公开，对于依申请公开的信息，可能会以涉及国家秘密、商业秘密、个人隐私、过程性信息、内部管理信息为由拒绝公

开，导致企业和政府处于“信息不对称”的两端。政务公开的透明度是衡量一个地方营商环境是否法治化的重要指标。只有政府信息公开透明，才能保证企业进行理性预期、判断、选择和保障公众行使知情权、参与权和监督权。另一方面，信息对内共享难，存在于“条块分割”行政机关系统内的政务信息网没有互联互通，在政务信息共享方面各自为政，标准不统一，存在“信息孤岛”，严重影响和制约了“让数据、信息多跑路，让人少跑路”“互联网+”政府等目标的实现。

（六）政务服务效能仍显得滞后

除了开办设立环节以外，针对企业建设、运营、发展、注销退出等涉及需要与政府部门进行的行政审批环节，没有有效地整合政务资源，“马上办、网上办、就近办、一次办”“最多跑一次”的目标尚未完全实现。少数行政机关工作人员有懒政怠政消极不作为的心理，针对这种情况，江苏、浙江某地方政府曾设立“蜗牛奖”，颁发给推进重点项目不得力、履行行政职能不到位、解决群众关切的问题不及时的职能部门或责任人，旨在提高政府效能，通过负向激励方式来优化营商环境。这间接反映了地方政府日益重视到客观存在的效能低下问题，并采取优化措施。

三、优化营商环境的法治化路径

在当前国内外经济形势都面临“脱虚向实”和“实体经济转型”的挑战，我国应当加快以市场主体需求为导向，以转变政府职能为核心，减少政府对市场资源的直接配置，减少政府对市场活动的过度干预，由形式意义上的法治政府向实质意义上的法治政府转变，由应然层面的法治政府向实然层面的法治政府转变，破除部门利益化的藩篱，通过建设法治化的营商环境来释放市场活力，进而实现经济的高质量发展，笔者提出以下相关的对策和建议。

（一）构建有利于营商环境和市场经济体制的法律规范体系

《优化营商环境条例》以行政法规的形式为各类市场主体提供了制度保障。《优化营商环境条例》第 61 条规定，国家根据优化营商环境需要，依照法定权限和程序及时制定或者修改、废止有关法律、法规、规章、行政规范性文件。优化营商环境的改革措施涉及调整实施现行法律、行政法规等有关规定的，依照法定程序经有权机关授权后，可以先行先试。全国各地先后出台了相应的省级优化营商环境的规定。处理好政务与营商的关系、政府主导和社会共治的关系是个系统工程，需要首先在立法层面对标《优化营商环境条例》，修改和完善不合时宜的法律，如行政许可法、行政复议法、反垄断法、专利法等。同时制定新法，填补法律空白，如行政程序法等，在实施民法典的过程中，还应该修改相关的法律法规，出台相应的司法解释。

（二）妥善处理政府和市场的关系，从无限政府转变为有限、有为政府

政府应当处理好放权和简政的关系，服务与管理的关系，规范本区域的市场环境，强化对公用企事业单位的监管，促使其为企业提供安全、便捷、稳定的服务，以降低企业的制度性交易成本。

1. 充分保障产权，加大对知识产权和“颠覆式创新”的保护力度

尊重和保障企业家的产权，健全企业家意见反馈机制，科学评估政策效果并合理把握政策的出台节奏，避免因政策叠加或者相互不协调对企业正常生产经营活动造成不利影响；不得随意减损企业合法权益或者增加其义务（包括设置市场准入和退出条件），不得随意干预企业正常生产经营活动。

影响中国经济高质量增长的主要障碍在于，创新动力不足，产品长期处于价值链低端，存在核心基础技术创新“空心化”、创新转化率不高等问题，建立保护“颠覆式创新”的机制和体制，把知识产权保护作为市场监管综合执法的重要内容，推动建立侵权惩罚性赔偿机制。优化营商环境能否取得实质性突破，主要取决于产权保护的制度化、法治化。

2. 加快提升政务服务效能

推进政务服务标准化，压缩自由裁量权；加快建设全国一体化在线政务服务平台；建立畅通有效的政企沟通机制，及时听取企业的反映和诉求，并帮助其解决困难。重点是清理和防止拖欠民营企业中小企业账款，加大信贷中增加企业融资成本的“潜规则”“隐形门槛”的查处力度。比如：北京市某区打造“紫金服务”品牌，建立发改委总管家、重点产业重点企业专项管家、17 个街道区域管家三级联系服务企业的框架结构，提供高质量的政务服务。

3. 健全和推进创新型监管机制

推进综合执法、跨部门联合监管。健全新型监管机制。改变重审批、

轻监管的管理方式，按照依法、审慎、智慧、简约、协同、高效的原则，健全以“双随机、一公开”监管为基本手段、以重点监管为补充、以信用监管为基础的新型监管机制，放得开又管得住，不断提升监管效能。加快推进以信用为基础的市场信用体系建设，完善全国统一的企业信用信息公示系统，推进行政机关、司法机关、金融机构等涉企信息归集共享，健全经营异常和严重违法失信企业名单制度，让违法企业“一处失信，处处受限”，探索建立信用修复机制，实行守信联合激励和失信联合惩戒，完善严重违法失信企业强制退出制度。[①] 比如，北京市某区将区属企业行政处罚信息导入区信用信息管理服务平台，建立与北京市信用平台信息共享交换机制。按照鼓励创新的原则，对新技术、新产业、新业态、新模式等实行包容审慎监管；全面落实行政执法信息、及时准确公示、行政执法全过程留痕和可回溯管理。

4. 完善公平竞争制度，民营企业“去标签化”

市场竞争的核心是公平竞争，只有竞争是公平的，才能实现资源的有效配置和企业优胜劣汰。保障民营企业平等使用各类生产要素和公共服务资源的权利，平等使用国家支持发展的政策的权利，平等招标投标和获取政府采购的权利。加强公平竞争审查，加强反垄断和反不正当竞争执法，实现公平竞争审查制度在中央、省、市、县四级政府全覆盖，涉企规章、规范性文件和其他政策措施都要进行公平竞争审查，建立投诉举报、第三方评估等机制，清理废除妨碍统一市场和公平竞争的各种习惯性规定和做法。确立竞争政策基础性地位，推进产业政策由差异化、选择性向普惠化、功能性转变。营商环境之于企业，类似于水和鱼的关系，推动政府公平监管，打破行政垄断和市场垄断，维护竞争秩序，保障各个市场主体平等获得生产要素和资源，对国企和民营企业一视同仁，公平对待，要“放水养鱼”。

5. 建设数字政府，实现对外“一网通”和数据互联互通

应当加快完善数字政府建设制度体系。一是建议国家层面及地方进一步加强统筹协调机制，加强沟通协调，推动政务数据有序共享，理顺上下、左右协同体制机制。比如，2018 年 6 月，自然资源部表示，全国统一的不动产登记信息管理基础平台已实现全国联网，我国不动产登记体系进

---

① 卢均晓：《营造市场化、法治化、便利化、国际化营商环境》，载《旗帜》2019 年第 11 期。

入全面运行阶段。这意味着实现了全国不动产登记信息全国联网，可以在线查询“以人查房”“以房查人”摸清家底。二是建议国家层面制定数字政府建设相关标准规范，加强对各地数字政府建设的分类指导。三是建议各地进一步深化网上政务服务能力建设，打破数据壁垒，明确数据共享种类、标准、范围、流程等，实现不同渠道数据同源。推进政务服务标准化，推进政务服务事项无差别受理、同标准办理。四是建议有关部门制定政务数据资源开发利用制度规范，指导各地数据资源开发利用行为，完善推动政务数据资源开发利用制度化、规范化、法治化。

（三）提高司法公信力，尽可能做到同案同判、公平公正

司法作为社会公平正义的最后一道防线，减少“关系案”“金钱案”“人情案”的发生，改变行政权干预司法的“潜规则”，真正能够以司法权来制衡行政权，防止公权力侵犯私权利，保护民营企业和民营企业家的合法权益，完善市场主体纠纷多元化解决机制。影响营商环境评价的要素表现为民商事合同执行，交易主体间的合同纠纷解决机制完善程度等。2020年7月，最高人民法院发布《关于统一法律适用加强类案检索的指导意见》。最高人民法院提出，为保证司法公信力，同案必须同判，类案必须检索。所谓类案，是指与待决案件在基本事实、争议焦点、法律适用问题等方面具有相似性，且已经人民法院裁判生效的案件。承办法官依托中国裁判文书网、审判案例数据库等进行类案检索，并对检索的真实性、准确性负责。各级人民法院应当积极推进类案检索工作，加强技术研发和应用培训，提升类案推送的智能化、精准化水平。①

1. 公正的司法环境能降低风险、稳预期

司法公正可以有效地确定规则，降低企业发展面临的不确定性和交易成本，对于知识产权的地方司法保护主义仍然存在。比如：南北稻香村的民事案件，北京稻香村和苏州稻香村分别提起了关于商标专用权的诉讼，2018年9月，登记地在北京东城区的稻香村在北京起诉苏州稻香村侵犯商标专用权及不正当竞争，北京知识产权法院的一审判决苏州稻香村赔偿北京稻香村经济损失3000万元。2018年10月，江苏省苏州市工业园区人民法院一审判决，北京稻香村食品公司侵害了苏州稻香村食品公司的商标专

① 《最高院新规：同案必须同判，类案必须检索！》，载搜狐网2020年7月28日，https：//www. sohu. com/a/410110046_ 99919423。

用权，要求北京稻香村赔偿苏州稻香村115万元。打官司有主客场之分，同一个法律纠纷案件出现了截然相反的司法裁决，这和法治原则和精神相悖。

2. 在民商事司法裁判中以促成交易，降低交易成本为价值导向

信息经济学和交易成本理论结合形成了契约经济学，而契约经济学和委托代理理论结合形成了现代治理理论的框架。科斯的交易成本理论和价值导向，影响了从事民商事审判的法官。比如，在司法裁判中，法院作出有利于化解民营企业之间“三角债”“四角债”等债务纠纷的判决，有助于民营企业解决实际困难，切实维护民营企业的合法权益，使得裁判的法律效果、政治效果、社会效果真正三统一，而不是僵化地适用法条。比如：沈阳市中院发布了20起服务法治化营商环境建设典型案例，主要集中涵盖建工合同类、保险合同类、租赁合同类、买卖合同类、劳动争议类、知识产权类、破产重整类、扫黑除恶类、行政争议类、执行异议类案件等广泛领域，其中民事部类14件、刑事部类3件、行政部类3件，充分体现了依法保护、平等保护、全面保护，切实维护企业权益、精准提供司法服务和保障的原则。①

3. 回应企业司法需求，降低诉讼成本，缩短诉讼周期，发挥定分止争功能

转型经济中的制度缺陷会使企业的发展存在不确定性，面临更大的风险，限制企业的发展。在良好的法治环境下，司法的作用是社会矛盾的调节器。《2020年营商环境报告》表明，中国近期的改革为其在执行合同效率最高的经济体中获得一席之地。本地企业家解决商业纠纷平均耗时496天，费用为索赔金额的16.2%，均好于地区平均水平。中国改善了司法行政质量，目前在这一指标的满分18分中得分17分，在所有经济体中是最高分数。② 地方政府干预司法的情形在司法体制改革之后有所改善。比如：实行省以下法院、检察院人财物垂直管理制度等，摆脱地方政府行政权对司法权的干预。为提高解决商事纠纷诉讼效率，在全国分区域设置专门的

① 《优化法治化营商环境丨建设沈阳市中院发布20起服务法治化营商环境典型案例》，载澎湃新闻2020年12月25日，http：//m. thepaper. cn/baijiahao_ 10538518。

② 《世行发布营商环境报告：中国进入前40 上升15位》，载“央广网”官方百家号2019年10月24日，https：//baijiahao. baidu. com/s? id = 1648244923646472221&wfr = spider&for = pc。

商事法院，对小额纠纷案件采取快速通道程序处理。[1] 在北京、上海设立专门的金融审判机构，专业的人干更加专业的事，为金融主体提供专业化的司法救济，其最终目的是营造良好的金融法治环境。

---

① 宋林霖、何成祥：《优化营商环境视阈下的放管服改革的逻辑与推进路径——基于世界银行营商环境指标体系的分析》，载《中国行政管理》2018 年第 4 期。

第十章　新时代基层协商民主的运行机制和制度化建设①

协商民主是中国特色社会主义民主理论的重要内容和鲜明特色，推进协商民主就是要找到人民群众意愿和诉求的最大公约数。只有坚持众人的事情由众人商量，才能真正维护和实现人民群众的根本利益，保障实现人民当家作主。协商民主不仅影响到治国理政和重大决策的思路和程序，也影响基层处理社会问题的基本方法和作风。基层协商民主运行机制和体制的完善，对于中国特色社会主义民主政治建设和基层社会治理具有非常重要的意义。

笔者通过座谈、访谈、问卷等调查方式，客观分析基层协商民主发展和实践状况，认为各地基层协商民主过程中遇到的体制和机制方面的问题是相似的，但是解决对策和措施方面则有较大的差异性。

一、对基层协商民主现状的概述

随着中国特色社会主义进入新时代，协商民主的时代价值和社会功能更加凸显，尤其是基层协商民主的开展在国家治理体系和治理能力的现代化过程中，发挥着推动公众参与、促进科学民主决策的作用。协商民主也一直是民主实践的重要内容。

（一）社会主义协商民主理论的发展

党的十八大以来，以习近平同志为核心的党中央高度重视推进社会主义协商民主制度建设。从党的文件可以看出社会主义协商民主概念的发展演变。1991 年，江泽民同志在概括“我国社会主义民主的两种形式”时提出，“人民内部各方面在选举和投票之前进行充分协商”。2006 年《中共中央关于加强人民政协工作的意见》中，提出了“人民通过选举、投票行

① 本章为北京社会主义学院（北京统战理论研究基地）招标课题。

使权利和人民内部各方面在重大决策之前进行充分协商，尽可能就共同性问题取得一致意见，是我国社会主义民主的两种重要形式”。同时强调“把政治协商纳入决策程序，就国家和地方的重要问题在决策之前和决策执行过程中进行协商，是政治协商的重要原则”。在《中国的政党制度》白皮书中，对协商民主的内涵从基本政治制度的层面提出“选举民主和协商民主相结合，是中国社会主义民主的一大特点”。在党的十八大报告中，确认了“协商民主是我国人民民主的重要实现形式”，同时指出了协商的渠道，提出了“推进协商民主广泛多层制度化发展”的目标。党的十八届三中全会通过的《中共中央关于全面深化改革若干重大问题的决定》中指出：“协商民主是我国社会主义民主政治的特有形式和独特优势。”将协商的渠道扩大为5个，还明确了5种协商形式，提出了“就重大问题在决策之前和决策执行中进行协商”。党的十八届四中全会通过的《中共中央关于全面推进依法治国若干重大问题的决定》强调，健全依法决策机制，把公众参与、专家论证、风险评估、合法性审查、集体讨论决定确定为重大行政决策法定程序，建立行政机关内部重大决策合法性审查机制。协商民主和公共参与、公共决策紧密相关。其中，公共参与是作出重大决策的第一步程序。习近平总书记在庆祝人民政协成立65周年大会上的讲话也提出了要坚持在决策之前和决策实施之中开展协商。2015年中共中央印发了《关于加强社会主义协商民主建设的意见》，其中明确界定了协商民主的概念：“在中国共产党领导下，人民内部各方面围绕改革发展稳定重大问题和涉及群众切身利益的实际问题，在决策之前和决策实施之中开展广泛协商，努力形成共识的重要民主形式。”还将协商的渠道扩大为7个。这是党的历史上第一份以协商民主为主题的中央文件，也是“构建程序合理、环节完整的社会主义协商民主体系”的基础性、支柱性改革举措。此后，中共中央办公厅、国务院办公厅又先后印发了《关于加强人民政协协商民主建设的实施意见》《关于加强城乡社区协商的意见》《关于加强政党协商的实施意见》等配套文件，这标志着我国协商民主制度体系的基本建成。党的十九大报告指出：“有事好商量，众人的事情由众人商量，是人民民主的真谛。”“加强协商民主制度建设，形成完整的制度程序和参与实践，保证人民在日常政治生活中有广泛持续深入参与的权利。”进一步明确了协商民主是我国社会主义民主政治的特有形式和独特优势。党的十九届四中全会通过的《中共中央关于坚持和完善中国特色社会主义制度、推进国家治理体系和治理能力现代化若干重大问题的决定》强调，坚持社会主义协商民主的独特优势，统筹推进政党协商、人大协商、政府协商、政协协商、人民团体协商、基层协商以及社会组织协商，构建程序合理、环节完整的协商民主体系，完善协商于决策之前和决策实施之中的落实机制，丰富有事好商量、众人的事情由众人商量的制度化实践。党的二十大报告强调，协商民主是实践全过程人民民主的重要形式。完善协商民主体系，统筹推进政党协商、人大协商、政府协商、政协协商、人民团体协商、基层协商以及社会组织协商，健全各种制度化协商平台，推进协商民主广泛多层制度化发展。积极发展基层民主。基层民主是全过程人民民主的重要体现。通过党的这些文件规定可以看出，社会主义协商民主的内涵和外延是逐渐丰富和发展的。

（二）对于协商民主的功能认识

如果从选举民主和协商民主关系的视角来认识协商民主，协商民主具有独特的价值和功能。习近平总书记讲过，人民只有投票的权利而没有广泛参与的权利，人民只有在投票时被唤醒、投票后就进入休眠期，这样的民主是形式主义的。有学者认为，事实上，不管对民主怎么分类，如果从环节上看，两个环节都重要，这两个环节彼此不能缺失。① 第一个环节是民主选举。民主就是人民的统治，而人民对国家的统治一般都不是直接的，而是间接的。间接统治就离不开选举，把最能代表人民利益并真正对人民负责的官员推选出来。第二个环节是决策，这里包含了协商民主。当一个官员被选举出来后，一定要有一套制度来制约他的权力，让他在决策的过程中能够更多地听取人民群众、利益相关者及有关专家的意见。可见，选举民主与协商民主处于政治过程的不同环节，它们既不能相互取代，也不能相互排斥。

在大多数的协商民主过程中，并不是采用票决制，起关键作用的是是否能影响决策者的价值偏好和理性偏好，这是协商民主和选举民主的重要区别。一人一票的票决制主要是适用于选举民主，因此，选举民主可能有民粹主义的风险，但协商民主能降低民粹主义的风险，有人认为将健全协

---

① ［美］赛拉·本哈比主编：《民主与差异：挑战政治的边界》，俞可平等译，中央编译出版社2009年版，第1—3页。

商民主平台视为网络民粹主义的治理对策之一①；有人主张为网络民主开辟通道，将民粹主义的非理性政治参与整合进有序的民主协商轨道。②

（三）基层协商民主内涵的界定

2012 年党的文件第一次明确提出“基层协商民主”这个概念，目前，学界对于“基层协商民主”没有做统一的定义，对于“基层协商民主”中的“基层”界定存在一定的分歧，有人认为基层是指乡镇、街道和行政村、社区以及企事业单位的自治领域，有人认为基层从行政级别角度来界定，指的是县级以下。笔者认为是指县乡两级的民主协商都属于基层协商民主的范畴。在《关于加强社会主义协商民主建设的意见》中，中央明确划定了基层民主协商的范围，将基层界定为乡镇、街道，行政村、社区、企事业单位和社会组织。有学者曾对基层协商民主的概念做了界定，如黄国华等人认为“基层协商民主是各级党委政府在决策前与决策实施中，就涉及基层民众切身利益的重大问题与实际问题，与区市县、乡镇、街道等社会范围内的村民、居民、企事业单位职工及社会组织进行的民主协商，以及基层民众之间的相互协商”③。笔者认为这个界定比较准确和全面。

党的十八大以来，首都基层协商民主实践模式在不断地探索和创新，比如：北京市东城区的“前门议事厅”、石景山区“鲁谷社区：街道社区管理体制创新”、朝阳区“党政群共商共治工程”，普遍采取对话、磋商、讨论、听证、交流、沟通、商议、辩论、争论等协商民主形式，积极引导公民参与，在各街、乡、社区（村）设立“问政于民、问需于民、问计于民”的常态化党政群共商共治工程议事协商平台，组织政府、社区、社会组织、社会单位、居民等各类社会治理主体，针对社区治理问题或需求，共同协商、共同参与、共同解决问题提供服务，都是尝试构建一种基于现有治理格局基础之上的协作共治路径。

（四）基层协商民主的重要意义

习近平总书记曾强调：“涉及人民群众利益的大量决策和工作，主要发生在基层。要按照协商于民、协商为民的要求，大力发展基层协商民

① 曾豪杰：《我国网络民粹主义规律及其治理》，载《理论月刊》2017 年第 6 期。

② 刘小龙：《当前中国网络民粹主义思潮的演进态势及其治理》，载《探索》2017 年第 4 期。

③ 黄国华、吴碧君、王小明：《社会主义协商民主体系视域下的基层协商民主研究》，载《重庆社会主义学院学报》2014 年第 6 期。

主，重点在基层群众中开展协商。”[①] 基层协商民主的主体是利益相关方的广泛社会公众，它的目标是公共参与和利益协调，但它与统一战线的核心理念高度契合，都是寻求最大公约数。[②] 基层协商民主的功能和意义在于：可以听到不同声音，达成共识，保障决策的合法性和科学性，有效维护社会的和谐与稳定，发挥“社会减压阀”的作用；可以畅通不同社会阶层的利益诉求进入公共讨论平台的渠道，降低社会治理成本；可以形成公众参与治理的机制，有效克服公众在国家政治生活和社会治理中“知情难、表达难、参与难、监督难”的弊端；可以凝聚全社会成员推进政治体制改革的共识。

二、新时代基层协商民主的运行机制和制度化建设中存在的障碍

我国基层协商民主的建设和发展处于探索和试验阶段，各个地方没有统一的模式和程序。以北京为例，作为首都，政治稳定是第一位优先考虑的因素，在协商民主实践方面受到一定的制约，导致协商机制的运转尚存在不尽完善之处。当前，基层协商民主的运行机制主要包括以下五个环节：利益诉求表达机制、议题确立机制、协商讨论机制、形成决策机制、转化决策反馈机制等。笔者认为，基层协商民主的运行机制和制度化建设中主要存在以下问题。

（一）利益表达机制不够顺畅

在当前利益多元化的社会，不同阶层有着各自具体的利益诉求，存在一定的差异性。存在差异就需要协商，协商是不同观点的合理表达。目前，基层协商民主存在的困境是利益表达机制不够顺畅，有被动化、封闭化、碎片化的现象，存在诱导性协商、象征性协商、掌控性协商、博弈性协商等情况，极大地影响了社会主义协商民主建设。

1. 公共理性不足

单一理性的协商民主理论的代表罗尔斯认为：在公共协商过程中仅仅

① 习近平：《在庆祝中国人民政治协商会议成立65周年大会上的讲话》载《人民日报》2014年9月22日第1版。

② 杨卫敏：《论习近平新时代大统战战略思维》，载《江苏省社会主义学院学报》2019年第1期。

存在着一个统一的达成共识的公共理性，它主导着整个协商过程及其结果。罗尔斯在《公共理性观念新探》中对公共理性进行了解释："所谓公共理性就是指各种政治主体（包括公民、各类社团和政府组织等）以公正的理念，自由而平等的身份，在政治社会这样一个持久存在的合作体系之中，对公共事务进行充分合作，以产生公共的、可以预期的共治效果的能力。"① 有参与者认为最大的公共理性是合乎政府和党委的决策预期，从而压抑或掩盖了真实的表达和诉求。

2. 社会尚缺乏公民社会氛围

公民社会是指围绕共同的利益、目的和价值上的非强制性的行为集体。社会成员基于共同利益与信仰而自愿结成的非政府、非营利的社会组织，具有非政府性和非营利性的两个特点。社会组织力量弱小导致缺乏"集体发声"机制，弱势群体由于个体分散、力量弱小，在公共空间对于公共事务缺乏社会关注和参与。

（二）议题的选择缺乏一定的聚焦性和代表性

开展基层民主协商的前提条件是在收集民情民意的基础上聚焦民意来确定协商议题，使涉及群众切身利益的实际问题可以进入协商议程进而对公共决策的制定产生影响。但是，实践中有些议题与老百姓实际生活关联度不大，居民参与热情不足，影响了协商的效果。有些议题的覆盖面窄，公共性不强，没有协商价值。

1. 议题的代表性不足

谁能代表群众提出议题？关于代表和被代表涉及民主性和正当性的问题。由于时间、空间和规模的限制，以及协商民主的陈述和辩论环节，不能使所有利益相关者都能参加协商民主，只能是一部分人进入协商程序，而一部分人被排除在外。规模越大的协商性会议，所谈论的议题越复杂重大，所要求的代表性越高，反之亦然。

2. 缺乏高效便民的议题提交平台

如果公众有议题，向谁提交能够得到关注和解决？当前，各个地方都有各自的热线电话、信箱、公共电子邮箱、接待窗口、居民论坛、政府部门网站领导留言板、民情恳谈会等形式来受理诉求，但是，有些诉求没有

---

① John Rawls, *The Idea of Public Reason Revisited*, The University of Chicago Law Review, Vol. 64, No. 3 (Summer, 1997), pp. 765 – 807.

挂牌销号制度和督办机制，没有问责和考核机制，无人回应，得不到解决和处理。

（三）协商主体之间不平等导致协商讨论不够深入充分

1. 有效参与水平较低

实践中，基层协商民主的牵头部门也是多样化的，协商民主的组织者一方都是政府部门、政党团体、政治性团体。参与主体一方是利益相关的广大民众。协商既要调整政府和民众之间的关系，也要调和有利益分歧的民众之间的矛盾。例如，浙江温岭的民主恳谈是宣传部牵头推进的，四川成都的基层协商民主探索是由统战部牵头负责的。2015 年中共中央办公厅、国务院办公厅印发的《关于加强城乡社区协商的意见》中明确指出："民政部门要会同组织等有关部门认真做好协商工作的指导和督促落实。"自此以后，民政部门作为牵头部门较为常见。笔者所调研的雨儿胡同 30 号院的公共空间布局讨论会是由民政部门牵头的。

从基层群众参与公共管理和社会治理实践情况来看，基层群众的民主意识、参与意识、监督意识以及参与能力是参差不齐的，有部分群众认为无论参与与否都不能影响和改变决策结果，持"参与无效论"；还有一部分群众表现出了较高的政治参与热情和意愿，但是有效参与的水平较低，有时出现"有参与、无协商"的局面。

2. 协商的包容性不足

基层协商的组织方主要是政府部门、政党团体、政治性团体、基层自治组织，协商的参与者或者是组织者邀请的一些社会地位较高、德高望重的专家，或者是律师、企业家等社会精英，而处于弱势地位的外来务工者等群体无法参与协商，这反映出基层民主协商的包容性不足。

（四）基层协商民主在没有积极引导的情况下容易演变成精英式民主

参加民主协商的代表产生，实践中由自愿报名制、随机抽签制、定额邀请制和选举制等方式产生，这些代表的产生方式各有优缺点，笔者在调研中也看到很多基层协商民主的地方实际上是综合采取以上几种方式，既有指定人选（邀请制），也有自愿报名、投票选举产生。

1. 精英阶层和弱势阶层之间的不平等博弈

政治参与的过程，也是吸纳精英的过程，精英阶层在参与活动中会逐渐显现出来，在现实舆论场和网络舆论中都遵循这样的规律。在各层次的协商过程中，协商的话语权很容易聚焦到政治精英阶层，政治精英阶层天然享有话语优势地位。协商民主需要付出社会成本，包括时间成本、组织成本、人力成本、培训成本以及误工成本等。协商民主需要协商主体持续、不间断地参与，而且进行充分多回合讨论，对于参与者来讲，只有既对公共事务有政治热情，又有社会活动能力的人才能胜任。

2. 精英阶层享有“话语优势权”

在民主协商过程中，弱势阶层在与意见分歧者沟通交流对话中，容易因信息不对称等因素陷入“自说自话”而被忽视或者轻视，这导致广大弱势群体（包括农民、农民工）容易被边缘化，成为沉默的大多数。相反，精英阶层在自由发言阶段，能够多次频繁发言，主动引导话语主题。所以说，以精英阶层为核心的基层协商并不是真正的协商民主。协商民主变成精英式民主，也就背离了其初衷。这一点和政党协商不同，政党协商的重点应放在精英层面，其主要任务是团结和吸纳执政党以外的各方面社会精英。①

（五）协商与决策存在分离和脱节的问题

1. 协商民主缺乏长效化、规范化的常态机制

从地方实践来看，协商民主为社会各方面搭建了沟通对话、谈判磋商的平台，基层协商民主的直接推动力来自国家（行政）权力，与地方领导的学识、精力、判断和能力密切相关。而且，基层协商民主具有随意性、碎片化、分散性的特点，缺乏长效化、系统化、规范化的常态机制。

2. 协商与决策的脱节

在实践中，还出现了协商和决策之间的脱节，这是普遍存在和反映的问题，它已经阻碍了基层民主协商发展的进程。经过协商后产生的结论是民意的聚集，虽然它不像人大议案建议、政协提案那样具有法定的效力，但是对于决策机关来说，这种意见和建议是支撑决策的民主性和合法性的因子。因此，就要考虑如何将这种协商成果与正式的制度安排有效衔接起来。这种衔接一方面需要协商组织方在决策之前就及时将协商结果转化为政府的决策参考，另一方面也需要政策制定机关公开对协商所产生的结论

---

① 陈家刚：《政党协商：内涵、特征与价值》，载《学习与探索》2019 年第 6 期。

作出响应，对于意见建议是否采纳，采纳之后将如何转化都应有明确反馈。

（六）缺乏对基层协商民主效果科学、成熟的评价体系

党的十八大以来，基层协商民主实践，有了许多突破、创新和发展。各地通过座谈、讨论、听证、辩论等形式开展协商，广开言路、广聚民智。但是，对于各地推进协商民主的效果缺乏科学、成熟的评价体系，因此无法衡量和比较不同地方的协商民主实施效果。我国尚缺乏对基层协商民主实践的公开评估体系。对各地公民作为参与主体的协商过程和协商内容，无法做定性量化和横向比较。

三、理顺基层协商民主运行机制和体制的对策和建议

基层协商民主的运行机制主要围绕五个方面，包括在哪里协商（组织形式和平台）、谁来协商（协商成员的产生）、协商什么（协商议题的产生）、如何协商（协商程序的确定）、协商结果如何运用（协商和决策的关系）环节。[①] 理顺协商民主的运行机制，应该从这几个环节切入。因此，创新和完善协商民主的运行机制和体制是推动基层协商民主建设的重点，也是保证人民享有知情权、表达权、参与权、监督权的重要保障。笔者认为，主要包括以下几个方面。

（一）建立“下情上达”的利益表达机制

在现实中，自上而下“政策”的传导和执行，比自下而上的“下情上达”更加容易。“下情上达”传导到决策层和领导层的过程，会逐渐衰减。

1. 运用网络等大数据手段采集、搜集和聚焦公众的诉求

目前，在北京开展的12345电话热线，接诉即办，“民有所呼、我有所应”，北京市有对各区的月考核，政府基层工作人员普遍反映压力极大，但群众满意度极高，荣获“2019年度最佳服务案例奖”及“2019年度大数据应用创新示范奖”。还有，北京很多基层社区在每栋楼或者每个楼门建一个微信群，居民可以随时表达利益诉求，由基层管理人员搜集上报居民的诉求。这说明运用高科技技术手段，能够建设覆盖到主流网络、政务

---

① 李德虎：《走出基层协商民主发展的瓶颈》，载《学习时报》2016年3月24日，第4版。

微博、微信 App 及小程序的统一互联网平台。同样，可以将它运用到协商民主领域，数字化、一体化地实时搜集和聚焦群众的诉求，形成有公共价值的议题。

2. 考虑协商民主的非制度化因素的影响，培育协商性公民文化

虽然我国市场经济体制已经确立和实施多年，社会主义民主政治得到发展，现代化的进程为培育公民文化提供了社会基础，但是，培育公民文化不是自然而然的过程。协商民主的主体多元化要求公民社会及其公民文化的充分发育，一是社会组织（NGO 组织）的发展壮大，发挥独立的第三方的作用，行业组织、互助组织等集体发声维权。比如，北京崇西社区为了解决“停车难”问题，成立了停车自管委员会，代表业主和政府市政部门磋商，在停车资源有限的情况下，分配停车位。二是公民自身民主意识、参与意识和政治参与能力不断增强，培养协商民主思维，听取不同声音，形成平等和包容的理念，遵守协商的规则，尊重和接受协商的结果，实现共治共享的和谐共赢。

（二）建立重大议题的甄别机制

基于时间、精力和预算经济的原因，并非所有的公共议题都进入协商民主的领域，只有重大议题才能进入协商民主的程序。因此，应当建立重大议题的筛选和甄别机制，以提高协商民主的效率，防止无实际“公共价值”的议题进入民主协商程序。建立重大议题分类制度并进行评估。例如，可以将议题分为公共财政预算类、共建发展类、公共决策类、民生保障类、环境物业类、公益类、突发事件类、矛盾化解类、安全管理类等，按照轻重缓急给予评估和排序。

（三）建立协商参与者的遴选机制与更替机制

谁来参加协商？对于协商参与者的选择是决定协商民主质量的关键因素，选择的方式有自愿报名、随机抽样、组织者指定等方式。通常情况下，不同年龄构成、知识构成、行业构成、收入构成的参与者会协商出不同的方案结果。因此，应当建立协商参与者的遴选机制与更替机制。另外，协商民主是比较强调过程和程序的民主形式，选择协商会议的主持人也很重要，一般是选择独立的第三方担任主持人。主持人一般不发表个人观点，不能具有倾向性，需要有丰富的经验来掌控协商的进程，应对各种突发状况，引导和归纳焦点问题，控制会议的时间和节奏，有效地引导议

题，但又不至于拖沓和仓促，给每个人（组）平等的发言机会。

（四）规范现有的协商民主形式，强化民主监督机制

党的十八大以来，习近平总书记多次强调“网上网下要形成同心圆”①，不断创新协商的形式，对听证会、恳谈会、辩论会、议事会、市民论坛等协商现场可以网络平台直播的方式，加大信息公开的力度，让民众享有知情权是进行民主监督的前提条件。

1. 提高协商结果的被采纳度

随着实践的发展，协商和决策相分离的问题凸显出来，主要原因是有些地方比较重视协商过程，轻视协商结果的应用。它直接影响了民众参与的积极性和协商的成效。协商民主是在决策之前和决策实施之中，必然是要影响和应用于决策。对于重大决策，应该坚持“不协商不决策、先协商后决策”的原则，对于协商结果落实和转化的监督指标，应当纳入民主协商的评估体系。对于基层协商民主走形式负有直接责任的有关组织和人员，根据问责制度对其进行问责。

2. 建立信息公开透明机制

基层协商民主需要与政务公开、党务公开、社（村）务公开相联系，阳光是最好的防腐剂，协商民主全过程应该及时公开，使得“暗箱操作”没有存在的土壤和空间，但是也应该杜绝“虚假公开”“应付式公开”。

（五）适应时代的发展，创新和完善协商的运行机制

基层协商民主刚刚兴起，需要和已有的制度进行有效的衔接配合，构成上下联动、多方参与的立体协商格局，而不是孤立地“为了协商而协商”，这样才能减少阻力，形成政策合力。

1. 注重多种协商渠道的衔接配合

我国的协商民主体系包括政党协商、人大协商、政府协商、政协协商、人民团体协商、基层协商和社会组织协商，这七种协商渠道在推进协商民主发展中各有优势，除了人民政协是专门的协商机构，承担着经常性的协商任务，其他协商渠道属于非专门性协商机构。当前亟须重点加强七种协商渠道的衔接。可以提倡和鼓励基层人大代表、政协委员等以个体的

① 《习近平出席全国网络安全和信息化工作会议并发表重要讲话》，载《人民日报》2018年4月22日，第1版。

身份参加所在行业系统或者居住区域等有联络的社会协商对话会之中，以观察员的身份参与基层协商，可以旁听，但是没有表决权，从而把基层协商民主形成的共识，通过提案、议案、民主党派的调研报告、建议等方式及时反映到人大协商、政协协商、政党协商和其他协商系统中去，从而增强基层协商民主的系统性和辐射性，发挥基层协商民主在协商民主体系中的基础性作用。

2. 采取丰富多样的基层协商形式

不断规范和完善现有的协商民主形式，适应实践的需要和时代的发展，不断创新协商民主的运行机制。丰富基层协商形式，可探索“互联网+”时代背景下的基层协商，搭建多元主体协商对话新平台，提高协商的时效性和实效性，扩大协商覆盖面。

3. 把协商民主嵌入基层群众自治制度中

协商民主作为中国特色社会主义民主政治的重要形式，在政治体制改革进程中不断推进协商民主，把基层协商民主嵌入基层群众自治制度中，形成共商、共治、共议、共建、共享的格局。在此，协商民主可以理解为一种渐进式民主改革的过程，在协商的过程中培育公民的公共参与精神，提升其自治的意识和能力。因此，在基层协商民主的实践中应坚持群众路线，使协商民主成为“凡事能商量、凡事好商量”联系群众的重要形式和组织平台。

（六）建立科学合理的综合评价机制

一般情况下，评估内容包括议题重要程度、协商程序、部门沟通、公共参与度、决策转化程度等方面，应建立基层协商民主公开性、包容性、开放性、实效性等指标的评估体系，尤其是把对异议的尊重程度，作为协商质量的评价指标之一。评估形式包括内部评估（自评）和外部第三方评估（他评）。通常来说，第三方评估可以对协商民主效果作出客观、准确、公正的评估，并将评估结果反馈给组织和牵头部门。经过几轮评估之后，可以将评估指标体系内化为日常的工作细则，并进一步提升协商民主的质量和效率。

总之，协商民主的要旨是通过广泛的民主协商来保证和支持人民当家作主，首先是明确基层协商民主的定位；其次是构建程序合理、环节完整的社会主义基层协商民主运行机制和制度；最后是形成完整的、多样性的、生动的基层民主实践。